Eles são simples
Elas são complexas

UM GUIA PARA SE RELACIONAR
COM A MULHER DE HOJE

Cláudya Toledo

Eles são simples
Elas são complexas

UM GUIA PARA SE RELACIONAR COM A MULHER DE HOJE

São Paulo

Copyright © 2009 Cláudya Toledo

Todos os direitos reservados. Nenhuma parte desta edição pode ser utilizada ou reproduzida – em qualquer meio ou forma, seja mecânico ou eletrônico –, nem apropriada ou estocada em sistema de banco de dados sem a expressa autorização da editora.

O texto deste livro foi fixado conforme o acordo ortográfico vigente no Brasil desde 1º de janeiro de 2009.

PRODUÇÃO EDITORIAL:
Editora Alaúde

ILUSTRAÇÕES:
Seri

1ª edição, 2009 / 1ª reimpressão, 2011

Dados Internacionais de Catalogação na Publicação (CIP)
(Câmara Brasileira do Livro, SP, Brasil)

Toledo, Cláudya
  Eles são simples, elas são complexas : um guia para se relacionar com o homem de hoje ; Eles são simples, elas são complexas : um guia para se relacionar com a mulher de hoje / Cláudya Toledo ; [ilustrações Seri]. -- São Paulo : Alaúde Editorial, 2009.

  ISBN: 978-85-7881-012-2

  1. Homens - Psicologia 2. Identidade de gênero 3. Mulheres - Psicologia 4. Papel sexual 5. Relacionamento homem-mulher 6. Sexo - Diferenças I. Seri. II. Título.

09-04454   CDD-158.2

Índices para catálogo sistemático:
1. Mulheres : Conquistas amorosas : Psicologia
158.2

2011
Alaúde Editorial Ltda.
Rua Hildebrando Thomaz de Carvalho, 60
04012-120, São Paulo, SP
Tel.: (11) 5572-9474 e 5579-6757
www.alaude.com.br

Eles são simples
Elas são complexas

UM GUIA PARA SE RELACIONAR COM O HOMEM DE HOJE

Cláudya Toledo

Eles são simples
Elas são complexas

UM GUIA PARA SE RELACIONAR COM O HOMEM DE HOJE

São Paulo

Copyright © 2009 Cláudya Toledo

Todos os direitos reservados. Nenhuma parte desta edição pode ser utilizada ou reproduzida – em qualquer meio ou forma, seja mecânico ou eletrônico –, nem apropriada ou estocada em sistema de banco de dados sem a expressa autorização da editora.

O texto deste livro foi fixado conforme o acordo ortográfico vigente no Brasil desde 1º de janeiro de 2009.

PRODUÇÃO EDITORIAL:
Editora Alaúde

ILUSTRAÇÕES:
Seri

1ª edição, 2009 / 1ª reimpressão, 2011

Dados Internacionais de Catalogação na Publicação (CIP)
(Câmara Brasileira do Livro, SP, Brasil)

Toledo, Cláudya
    Eles são simples, elas são complexas : um guia para se relacionar com o homem de hoje ; Eles são simples, elas são complexas : um guia para se relacionar com a mulher de hoje / Cláudya Toledo ; [ilustrações Seri]. -- São Paulo : Alaúde Editorial, 2009.

    ISBN: 978-85-7881-012-2

    1. Homens - Psicologia 2. Identidade de gênero 3. Mulheres - Psicologia 4. Papel sexual 5. Relacionamento homem-mulher 6. Sexo - Diferenças I. Seri. II. Título.

09-04454   CDD-158.2

Índices para catálogo sistemático:
1. Mulheres : Conquistas amorosas : Psicologia
158.2

2011
Alaúde Editorial Ltda.
Rua Hildebrando Thomaz de Carvalho, 60
04012-120, São Paulo, SP
Tel.: (11) 5572-9474 e 5579-6757
www.alaude.com.br

A vida é encontro.
Martin Buber

Não ame pela beleza, pois um dia ela acaba.
Não ame por admiração, pois um dia você se decepciona.
Ame, apenas, pois o tempo nunca pode acabar
com um amor sem explicação.
Madre Tereza de Calcutá

Sumário

Introdução 9
Capítulo 1 – A mulher de antigamente (a Amélia) 11
Capítulo 2 – A mulher de hoje..16
Capítulo 3 – Cultivando a essência feminina 25
    Atração 28
    Emoção..45
    Criatividade 54
Capítulo 4 – A nova mulher...66
Capítulo 5 – A união do feminino com o masculino 68

Introdução

Homens são simples. Mulheres são complexas. Homens querem interagir com mulheres como se elas fossem simples como homens. E mulheres querem interagir com homens como se eles fossem complexos como mulheres. E, isso, obviamente, leva a dificuldades no relacionamento, a desentendimentos e ao distanciamento.

Já não bastasse isso ser assim, o mundo mudou muito nas últimas décadas. A mulher, na segunda metade do século XX, empreendeu uma revolução que transformou completamente seu papel na sociedade, modificando conceitos, valores e a estrutura da própria sociedade. Ser mulher no mundo de hoje tem um sentido muito diferente de antigamente. As conquistas sociais da mulher proporcionaram muitos ganhos para ela, mas alguns pilares do funcionamento das relações humanas precisaram ser revistos. A mulher hoje lida com família, trabalho, vida pessoal e vida amorosa de uma maneira diferente, e, para conseguir conquistar seu espaço, precisou se "masculinizar" em algum sentido, ou seja, lançou mão de atitudes e características que são essencialmente masculinas. E o que mais sofreu com tudo isso foram os aspectos afetivos ligados ao seu relacionamento com os homens. Mas como ser mulher hoje sem perder as características femininas? Como ser feliz e realizada também no amor? Como encontrar e manter um companheiro que compartilhe uma vida feliz? Como ser inteira?

Com o reconhecimento nacional de ser considerada a maior cupido profissional do Brasil, me sinto à vontade em partilhar, neste livro, o conhecimento que utilizo, com muito êxito, nessa minha missão de semear e ampliar as possibilidades do amor no mundo. Há 20 anos, fundei uma agência de relacionamentos com o objetivo de profissionalizar e organizar, de forma corporativa, esse meu dom de unir pessoas. Hoje, a *A2 Encontros* é a maior agência de relacionamentos do Brasil e tornou-se referência em todo o país. Com nossos serviços, colocamos milhares de pessoas em frente à sua alma gêmea para viver um grande amor. Este é meu ofício nesta vida: unir casais e ajudar as pessoas a cultivarem o amor por si e a encontrar o amor do outro. Aprimoro meu dom com peregrinações espirituais a templos sagrados e visitas a lugares de poder, além de realizar profundos estudos sobre antroposofia, filosofia, psicologia, yôga, tantra, bioenergética e biocibernética.

Em consequência do grande volume de pessoas que buscam meus serviços de cupido, pude acompanhar ativamente a intensa transformação dos universos feminino, masculino e do casal nas duas últimas décadas. Em 2005, escrevi o livro *Manual da Cara-Metade,* organizado para ajudar as pessoas a identificarem erros e acertos na jornada pela busca de seu grande amor. Em 2006, fundei a Universidade do Amor, a ULOVE, que promove atividades, palestras, cursos e workshops voltados ao autoconhecimento relacional e à melhora na compreensão e comunicação (verbal e não verbal) entre homens e mulheres. Também em 2006, iniciei um projeto chamado Babá de Casais, que consiste em acompanhar casais, durante um período, para auxiliá-los no resgate da harmonia e do prazer da vida conjugal.

Periodicamente, realizo pesquisas de abrangência nacional em meu sistema de cadastrados na *A2 Encontros*, que hoje possui cerca de 15 mil pessoas, com o objetivo de traçar um perfil atualizado sobre o comportamento afetivo do brasileiro. Desde 2001, tenho percebido uma grande inquietação na estrutura dos relacionamentos. As mulheres mudaram, os homens estão se adaptando e, evidentemente, a configuração e a compreensão dos relacionamentos também precisam de atualização. Homens e mulheres precisam compreender as mudanças que ocorreram em si e no outro, e esse é meu objetivo com este livro. Quero compartilhar com você essa nova descoberta e, com isso, poder iniciar uma nova jornada rumo ao amor no novo milênio. Convido você para essa viagem!

CAPÍTULO 1

A mulher de antigamente
(a Amélia)

Ai que saudades da Amélia
Mário Lago e Ataulpho Alves

Nunca vi fazer tanta exigência
Nem fazer o que você me faz
Você não sabe o que é consciência
Nem vê que eu sou um pobre rapaz

Você só pensa em luxo e riqueza
Tudo o que você vê você quer
Ai, meu Deus, que saudade da Amélia
Aquilo sim é que era mulher
Às vezes passava fome ao meu lado
E achava bonito não ter o que comer
E quando me via contrariado
Dizia: "Meu filho, o que se há de fazer?"
Amélia não tinha a menor vaidade
Amélia é que era mulher de verdade

Será que a Amélia era mesmo a mulher de verdade? Será que os homens ainda preferem as Amélias? A Amélia era a típica mulher brasileira até a década de 1950. Amélias eram mulheres que sonhavam com um bom casamento, com família e filhos. O foco de sua vida era um casamento feliz, e esse era seu maior desejo a ser realizado, seu projeto de vida. Tinham relacionamentos estreitos com os familiares, amigas e vizinhas, cultivavam a arte das relações. Eram as mulheres "casadoiras", consideradas confiáveis e amorosas, de boa família e respeitadas. Não estudavam tanto, mas aprendiam tudo sobre prendas domésticas, cuidados com o lar, boas maneiras e a arte de receber bem e ser agradáveis. Sabiam cozinhar, bordar, cerzir, costurar, tricotar, plantar, entre outras atividades que as faziam "prendadas" e preparadas para a vida de esposa e mãe. Casavam para viver um amor eterno e, de fato, constituíam-se no suporte e no esteio dos filhos e do marido. Depois de casadas, via de regra não trabalhavam fora, já que o sustento vinha por intermédio do marido, e dedicavam-se a ser donas de casa.

Para encontrar seu par, a Amélia buscava informações, de forma recatada e discreta, com parentes e amigas, sobre os pretendentes solteiros disponíveis no mercado. Paquerava na praça e nos bailes, com um olhar singelo, apenas aquele de quem ela aprovasse as informações anteriormente coletadas, e se ficasse interessada na conduta familiar do moço. Era contida, não atirava para todos os lados, só paquerava o escolhido. Se o rapaz selecionado correspondesse, ela continuava o flerte, fixando o olhar disfarçadamente e sorrindo com doçura. Se ele não tivesse coragem de chegar perto dela, mas mostrasse interesse, ela poderia dar um jeito "natural" de chegar perto dele, derrubando algo próximo a ele, tropeçando ou tentando ser apresentada. Era comum se utilizar dessas artimanhas inteligentes para que o moçoilo se aproximasse pela primeira vez. Porém, se ele não correspondesse, era melhor mudar de alvo. Assim, ela partia para uma nova pesquisa até que encontrasse outro pretendente disposto a receber sua atenção. Era ensinada que deveria amar o homem que tivesse bons costumes e que fosse compatível com seu modo de vida. Se os hábitos familiares e o nível social fossem compatíveis, seria muito mais fácil o relacionamento do casal, acreditavam as famílias da época.

Depois de ter manifestado seu interesse, normalmente com o olhar, o pretendente se aproximava e começavam o namoro, que acontecia, inicialmente, no portão de casa. Às vezes, namoravam na varanda da casa dela, e, com o passar do tempo, o rapaz entrava na casa e o namoro se dava na sala, sempre sob a mira de algum parente. Frequentavam os bailes com a família, dançavam juntos, conversavam demais e tinham um desejo forte de poder se tocar. Falavam sobre esse forte desejo e projetavam esse maravilhoso dia em seus pensamentos. Plasmavam essa possibilidade com paixão e vontade, tinham esse sonho que os movia intensamente. Esse desejo movia suas vidas. Ele se apressava nas conquistas financeiras, e ela, nos preparativos do enxoval. Ela bordava e contava com a colaboração das mulheres da família, e todas se colocavam a trabalhar para atender a paixão da prima, da filha, da sobrinha. Era um cinturão de energia amorosa que a família ia construindo para o casal.

Finalmente, ele tinha conseguido dinheiro para comprar uma casa, e ela tinha organizado presentes e colaborações de suas famílias para rechear esse lar. Então, finalmente, se casavam. Depois do casamento, chegava o tão esperado momento de estarem a sós. Todas as conversas, vontades e desejos podiam se tornar reais, e eles estavam finalmente juntos. Nem sempre sabiam continuar aquele romance apimentado, porque ele, muitas vezes, vinha de um aprendizado com as "mulheres da vida", e ela, na maioria das vezes, não tinha nenhum aprendizado inicial, a não ser os "pega-pegas" desajeitados com ele na varanda.

Com o tempo, os dois afinavam naturalmente a relação sexual (que não necessariamente era algo recompensador para a mulher, mas sim uma obrigação matrimonial). No dia a dia, o marido chegava em casa todos os dias após o trabalho para encontrar sua esposa. Ela tirava seu paletó, arrumava seu banho e já tinha preparado um jantar saboroso e especial para ele. Dessa forma, ela catapultava seu homem do dia cansativo de trabalho para o aconchego do lar. Ele se soltava, ficava relaxado e, então, começava a falar sobre seu dia, contava da sua luta, do mundo dos negócios, do mercado. Ela escutava encantada e admirada com os seus ouvidos femininos. Como a senha de acesso sexual da mulher está nos ouvidos, nada melhor que poesias, elogios e histórias interessantes para agradar uma mulher. Então, a Amélia, satisfeita com a eloquência do seu exemplar masculino, e agradada pelos ouvidos, dava sugestões ao seu marido sobre a melhor forma de se relacionar com as pessoas, falava de amor, sentimentos, contava suas histórias também, exibia seus bordados feitos com suas habilidades criativas, surpreendia-o com a nova decoração da casa, contava sobre as famílias, amigas e vizinhas, falava sobre os filhos e, mais tarde, estava disponível para fazer sexo. O marido da Amélia compensava seu dia exaustivo de trabalho e seus negócios se envolvendo com a doce, criativa e receptiva esposa. Observava o cuidado dela com os preparativos do banho, do jantar, percebia sua forma de falar e de ouvir e se deixava levar. Havia uma complementaridade: ele trazia notícias do mundo externo, e ela, do mundo interno dos sentimentos e emoções.

A mulher vivia de forma caseira, focava seus esforços na manutenção da casa, na sua higiene pessoal e bem-estar, cuidava da vida emocional e relacional da família. Tinha muita sabedoria prática nessa questão, e, embora não tivessem a consciência disso tudo, agia por seu instinto de mulher e apoio das outras mulheres da família. Nesse tipo de relação, que foi típica até cerca da metade do século XX, cada um desempenhava seu papel social com seu ingrediente natural, e isso tornava a relação homem-mulher harmoniosamente previsível e segura. O homem exercia sua força, bravura e determinação, e a mulher, sua delicadeza, amor e criatividade. As Amélias sabiam como fisgar um bom pretendente maximizando suas qualidades e atributos femininos, e sabiam como mantê-lo, sendo dispostas e afetuosas, dominando a arte da culinária, criando um lar aconchegante e sendo disponíveis sexualmente (esse era seu dever).

Em função de a responsabilidade financeira estar diretamente ligada ao homem, a mulher de antigamente podia desempenhar com excelência sua essência feminina e ser o alicerce do homem nas questões emocionais, afetivas e sociais. Com toda sua habilidade emocional e criativa, a esposa conseguia catapultar o homem para o êxito da vida profissional, dando-lhe suporte emocional e conselhos relacionais para driblar as adversidades da vida profissional. Era a conselheira do marido, dava todo o suporte necessário para ele. "Atrás de um homem bem-sucedido há sempre uma mulher", havia esse dito popular. A grande sabedoria das Amélias é que elas conseguiam tirar o homem do *pensar* e o colocavam no *sentir*. Elas conduziam habilidosamente essa mudança de estado pelo sabor e cheiro dos alimentos que preparavam, dos banhos perfumados, das histórias que contavam, e, principalmente, da sua postura genuinamente feminina.

Porém, com o passar das décadas, esse tipo de estrutura de relacionamento começou a sofrer seus dissabores, e lentamente esse esquema começou a ruir. Casamentos foram sufocados pela faceta do machão-dominador do homem, que acabou mutilando e subjugando o brilho e a capacidade da mulher. O machão submeteu a mulher à sua vida, tratando-a como um objeto seu de uso pessoal.

Tirou-lhe completamente a liberdade, usurpou sua energia, tomou-a todinha para ele e quase não deu nada de humano em troca. Para completar, muitos homens usufruíram inteiramente sua liberdade fora de casa, mantendo relações extraconjugais. Já as mulheres, que não tinham meios de se sustentar, e não conheciam outras possibilidades relacionais, e nem tinham experiência profissional fora do lar, calavam-se na frustração e viviam sufocadas e insatisfeitas por toda a vida. A opção pela separação e pelo divórcio praticamente não era considerada, pois mulheres "separadas" ou "desquitadas" eram muito mal vistas socialmente, alvo de muitos preconceitos. Sabemos que nem sempre as mulheres queriam aquele tipo de vida, porém, na maioria das vezes, restava-lhes aceitar e calar-se.

As mulheres ainda não tinham uma ideia muito clara do que seria ser independente de um homem, fosse ele seu pai ou seu marido. Não sabiam o que seria entrar no mercado de trabalho e se virar profissionalmente. Mas sua insatisfação, seu descontentamento e o sofrimento com a submissão excessiva que algumas mulheres sofreram, somados à curiosidade e inquietação femininas, levou-as a procurar uma nova forma de viver, mais adequada à sua vontade. A mulher percebeu que tinha muitas capacidades a mais, que podia fazer mais, e desempenhar outras funções além de ser apenas boa esposa, mãe e dona-de-casa. Então, começou a se modificar a partir de si mesma. Ela se rebelou e procurou sua independência, gerando profundas mudanças na sua vida e na vida de todos os que estavam à sua volta. A Amélia cansou, deu um basta na situação, deu seu grito de liberdade e transformou-se na mulher de hoje.

CAPÍTULO 2

A mulher de hoje

  Lá pela década de 1960, de uma forma relativamente geral no mundo ocidental, ficou patente o movimento feminino de independência em diversos âmbitos: profissional, financeiro, intelectual, civil, etc. O grito de liberdade sexual foi marcado pelas mulheres que queimaram sutiãs em praça pública, em um tempo em que passaram a poder tomar pílulas anticoncepcionais e a começar a ter direito a reivindicar seu prazer. Assinavam, assim, sua carta de alforria de anos de submissão. Esses e outros protestos ao longo dos anos marcaram a chegada da mulher onde hoje ela está. Ela foi estudar em escolas e universidades e adquiriu conhecimentos que a permitiram entrar no mercado de trabalho. Tornou-se profissional para garantir seu próprio sustento e de seus filhos. Desenvolveu o intelecto e a mente e dividiu com o homem cargos de poder nas grandes empresas e corporações. Desempenha atualmente funções nunca antes pensadas para o sexo feminino. Hoje a mulher usufrui da vida econômica e do mundo social, é atuante na sociedade, na política, na economia, no mundo empresarial e nas decisões do país. É focada na autossustentação e na liberdade.

  Diante de tantas tarefas, a mulher se tornou multifuncional e passou a dedicar parte do seu tempo também ao cuidado com sua saúde. Ela passou a fazer atividades físicas e a frequentar academias, a praticar todos os esportes, até os considerados masculinos, como o futebol. Os corpos melhoraram, há mulheres saradas, fortes e belas em qualquer faixa etária. Os diversos métodos anticoncepcionais e de proteção de hoje acenam com a possibilidade do sexo livre, sem a necessidade ou o medo de engravidar, deixando a decisão de quando e quantos filhos ter nas mãos da mulher. A emancipação sexual da mulher, que pode desfrutar plenamente de sua sexualidade, tornou-a orgástica e praticante de sexo seguro e responsável, sem medo. Todo esse movimento feminista impulsionou até a indústria, que não cansa de trazer inovações tecnológicas que tornam a vida doméstica cada vez mais prática em uma casa que não tem mais a mulher como refém.

As mulheres que hoje estão na idade produtiva já nasceram sob a regência da independência pessoal. *"Não dependa de homem, minha filha, trabalhe e se sustente"*, – quem dessa geração nunca ouviu isso? Elas foram educadas, instruídas e incentivadas por suas famílias a se dedicaram aos estudos, e, em geral, estão deixando em segundo plano os relacionamentos de "compromisso". O casamento foi adiado na vida da mulher. Segundo os dados mais recentes coletados no Instituto Brasileiro de Geografia e Estatística (IBGE), e em estudos e pesquisas realizados pela *A2 Encontros,* as mulheres no Brasil estão casando com a idade média de 27 anos. Em 1991, as mulheres se casavam com 23 anos. Isso mostra que elas estão se casando mais tarde porque certamente pensam primeiro na carreira profissional e, talvez, porque estejam mais exigentes na escolha dos parceiros.

Muitas mulheres se casam e dividem as economias com o marido, mas outras estão tão focadas na independência financeira que não sobra tempo para a busca do parceiro e para o namoro. Nesse cenário, os namoros longos muitas vezes são interrompidos pela falta de tempo e de disponibilidade da mulher, que hoje trabalha em tempo integral. Muitas vezes também, a relação não vai para a frente porque a prioridade máxima dela é de ordem profissional e financeira. Aí o romance esfria por falta de tempo e energia e o namoro termina. Porém, na faixa etária em que a mulher está minimamente engajada profissionalmente entre 28 e 35 anos, costumo dizer que o útero grita. É nessa época que a maioria começa a querer casar e ter filhos (quando já não os têm), pois há um certo "prazo de validade biológico" para gerar saudavelmente uma criança. Daí, o que acontece é que a moça é bem-sucedida, tem seu patrimônio, um ótimo trabalho, uma carreira, mas está sozinha, e, agora, só agora, quer encontrar alguém legal para se casar porque quer ser mãe.

A mulher-cabeça

O perfil de mulher economicamente ativa, bem-sucedida, inteligente, independente e com grande capacidade nos negócios é muito comum entre as mulheres atuais. E elas têm algo em comum também: estão sem parceiro. Digo que esse tipo de mulher (já que há uma onda de mulheres assim) tem a *síndrome da mulher-cabeça.* Quando as mulheres-cabeça procuram meus serviços de aconselhamento afetivo e cupido, logo de cara observo que todas têm o mesmo discurso. Elas dizem: "*Eu assusto os homens por causa de meu nível social,* status, *independência e determinação*". No decorrer da conversa e das declarações, constato que essa mulher *pensa* que assusta os homens, mas, na verdade, ela os *afasta*. Ela não está sabendo como atraí-los, nem como mantê-los interessados nela. Ela não sabe modular sua própria energia.

Atendemos na agência *A2 Encontros* diariamente um grande volume de mulheres bem-sucedidas profissional e financeiramente, com idade entre 25 e 48 anos, que estão sozinhas e insatisfeitas com as relações amorosas que vêm encontrando na noite e nas baladas. Elas querem um parceiro fixo e compatível, mas estão agindo com

muito receio e estão na defensiva relacional. Na hora da conquista, o comportamento desse perfil de mulher é o mesmo: antes de deixar as emoções rolarem, analisa meticulosamente todos os "contras" do homem e conclui que nenhum está à sua altura. Banca a poderosa na hora da aproximação, e o resultado é que *o homem corre!*

As mulheres-cabeça saem para o primeiro encontro, analisam racionalmente o pretendente, utilizam todo seu potencial mental para longas conversas, pensam sobre as qualidades do pretendente, pensam, pensam, pensam. Pensam tanto que se esquecem de sentir esse homem. Não olham nos olhos com profundidade, não sentem o coração bater mais forte, nem as mãos suarem. Esse é o comportamento comum da mulher-cabeça: pensar muito e bloquear o sentir. As mulheres mentais se desenvolveram tanto no mundo econômico e financeiro que perderam o exercício da sensibilidade.

Algumas variações da mulher-cabeça

Mulher *checkup*

Em 2007, outra pesquisa na *A2 Encontros* revelou que o conceito dos programas de qualidade total do mundo executivo foi trazido pelas mulheres para as relações amorosas. O resultado evidenciou que a mulher passou a ter uma exigência "corporativa", querendo um homem com "qualidade total". Além disso, ela aprendeu sobre as ferramentas de gerenciamento e controle, e implantou e estabeleceu um "software" de controle geral, e, seguindo sua *expertise*, sentiu a vontade avassaladora de controlar a relação. Observo nos atendimentos que as mulheres bem-sucedidas, entre 23 e 45 anos, estão fazendo um verdadeiro *checkup* nos homens para avaliar suas potencialidades. Até aí, tudo bem. É até bom que saibam utilizar essa avaliação a seu favor. Mas o pior é que, rapidamente, encontram e evidenciam os

defeitos, e se desinteressam, muitas vezes antes mesmo de uma tentativa de aproximação. Ai meus deuses e deusas: a crítica é inimiga do amor! Onde há críticas, não há amor! Se focarmos apenas nos defeitos, o amor não vem. O amor está perto da perfeição sim, e nossos olhos devem ir em direção ao belo, à beleza profunda. Mas precisamos aprender a enxergar a centelha divina, a qualidade única e máxima de cada um. O ferramental feminino é superior ao masculino. A mulher é complexa, e o homem é simples. Portanto, a mulher tem maior possibilidade de fazer um diagnóstico quase instantâneo do homem. Com base nisso, as mulheres têm utilizado esse potencial para pré-julgar o pretendente; aí ele se torna previsível e desinteressante. Resultado: dessa maneira, ficam sozinhas.

Mulher *workaholic*

Uma coisa levou à outra: por falta de tempo para o cultivo do feminino, a mulher usou sua capacidade feminina sexual (que é forte como uma bomba!!!) para ganhar dinheiro e para trabalhar. Desviou sua energia da casa para o trabalho. A mulher sensual e atraente virou *workaholic*, ficou sem tempo para investir no romance, e sem energia para o sexo. Atualmente, trabalham como homens. Encaram com excelência o mercado de trabalho, potencializam sua força masculina de ir à luta e acabam sem tempo para ir ao salão de beleza, para fazer massagens, depilações, danças, e para investir no namoro e nas paqueras. A questão é que, para a mulher, o romance e o sexo precisam de um cultivo maior, e, com a falta de tempo, isso não acontece. Ninguém vive de eternas "rapidinhas". Ganhar dinheiro ficou mais interessante e seguro para a mulher do que o sexo sem tempo e a falta de perspectiva para o amor. Nesse cenário de pouca disponibilidade para o cultivo dos ingredientes femininos, a mulher caiu na baixa atratividade, e, com pouca feminilidade, nunca conseguirá um homem interessante, com H maiúsculo, de energia masculina alta. Atuando com muitos ingredientes masculinos, acaba encontrando homens "femininos". Então, se desinteressa desses homens por achá-los fracos, sem perceber que as fortonas são elas mesmas.

Mulher fumante

Em 2006, constatamos em pesquisas feitas na *A2 Encontros* que as mulheres fumantes estavam com mais dificuldade de arrumar parceiro. Mulheres fumantes despertam, no inconsciente masculino, a sensação de pouca saúde física, desleixo e, algumas vezes, de infertilidade. Para relacionamentos estáveis, os homens são enfáticos em optar por mulheres não fumantes. Acredito que a maior

influência para a redução de homens fumantes esteja relacionada à impotência sexual. Já as mulheres, relaciono o crescimento da porcentagem ao estresse da vida multifuncional. De acordo com o Instituto Nacional do Câncer (Inca), hoje há, no Brasil, cerca de 30 milhões de fumantes, dos quais 12 milhões são mulheres. As mulheres brasileiras estão fumando cada vez mais, principalmente as mais jovens. Que pena!

Mulher divorciada

Atualmente, o homem pede em casamento e a mulher pede o divórcio. Segundo dados do IBGE, cerca de 86% dos pedidos de separação são feitos por mulheres. Para a mulher, ser divorciada não é mais um tabu, como no passado. É até engraçado como as mulheres divorciadas vivem bem, ocupam-se e rejuvenescem depois que se separam. Já os homens rapidamente tratam de encontrar outra mulher. Curioso é que os homens que pedem separação na maioria das vezes têm outra mulher em *"stand by"*. Já as mulheres pedem a separação por não quererem mais aquela relação, e, em geral, esse único motivo lhes basta.

Mulher solteira com filho

Atualmente, a mãe solteira não é só a jovenzinha que teve filho por descuido, mas também a mulher que foi ficando sozinha e resolveu fazer uma "produção independente". Ainda não tive a sorte de conhecer uma mãe independente que fosse completa apenas com o filho. Em geral, a mulher continua querendo uma família, e só depois de ter o filho, ou de adotar, é que percebe que essa é uma missão complexa. Sem dúvida, é muito mais difícil atrair um parceiro para um relacionamento estável possuindo um "kit família" do que estando sozinha-livre-leve-e-solta. Isso acontece porque o homem, até uns 50 anos, está bastante focado em fazer seu pé de meia e em ganhar dinheiro, e ele logo pensa que uma família muito numerosa gerará muitos gastos e poderá desequilibrar sua balança financeira. Também, pensa que não terá a esposa só para ele, e terá de dividi-la com as crianças. Assim, a vida emocional e afetiva da mãe solteira continua mais difícil do que a vida emocional e afetiva da mulher sozinha. Outro dia, estava visitando uma de nossas unidades da agência, no Rio de Janeiro, e conheci uma moça de 38 anos que tinha um filhinho de seis meses. Ela foi à *A2 Encontros* procurar um marido porque a criança tinha sido concebida por intermédio de sêmen que escolheu em um banco de esperma. Quando disse a ela que apenas um homem bem mais velho se encantaria por aquela bela imagem da "Ave Maria com seu filhinho", ela ficou brava, muito brava, por ter escutado uma verdade dolorida. Dificilmente um rapaz jovem, de até seus 45 anos, gostaria de uma situação tão nova e moderna assim. O homem busca uma mulher para viver um romance, e depois que esse romance se torna intenso e sólido, ambos começam a desejar reproduzir esse amor para o mundo e terem um filho. Dificilmente o homem entende o filho sem esse *script*. Porém, depois de certa idade, o homem já terá outro entendimento da vida e já estará mais generoso. Perceba esse tipo de caso ao seu redor.

Mulher ficante

O que acontece muito hoje em dia é que as mulheres até atraem os homens, mas muitas não se tornam namoradas, somente ficantes. Outro caso comum é o daquelas mulheres que namoram por anos e anos e nunca são pedidas em casamento, e se tornam noivas eternas. Será que as mulheres desaprenderam o círculo virtuoso das relações? Eu e minha equipe estamos diariamente em contato com os mais variados tipos de relação. Em função disso, sabemos a realidade dos amores não correspondidos, das frustrações atuais, e da alquimia necessária para gerar parcerias harmoniosas, duradouras e felizes. As reclamações femininas que escuto com mais frequência são assim: *"Sempre atraio cafajestes"*; *"Atraio quem eu não quero; quem eu quero não atraio"*; *"Os homens interessantes não se interessam por mim"*; *"Não consigo me relacionar com homens à altura das minhas expectativas"*; *"Há sempre caras que não me interessam andando atrás de mim, e não sei dispensá-los"*.

Moças que frequentam a beijaria das baladas, e que querem ouvir *"Seu beijo é único e inesquecível, você é perfeita para mim"*, chegam arrasadas à minha agência. Afinal, estão há tempos nessa função-balada, já se passaram anos e elas nunca ouviram isso ou, quando ouviram, o *affair* não durou mais que uma noite. Affffe!!!! Tem muita gente cansada de ser ficante. O preço que a mulher paga ao se lançar num relacionamento e ser rejeitada é debitado 100% de sua autoestima. Será que existe alguém que tenha vontade de passar a vida no beija-beija por toda a sua história afetiva e emocional? Eu não acredito nisso. Por pouco tempo pode ser legal, mas no longo prazo tendemos para a necessidade de aprofundamento e compartilhamento íntimo. O conforto do conhecido acalma e dá muito prazer também.

Elenquei aqui alguns tipos de mulheres comuns nestes tempos atuais, porque as mudanças comportamentais estão acontecendo com tanta rapidez nos dias de hoje, que nem Freud mesmo não explica muita coisa mais. Mas depois de se olhar e de olhar para esses novos perfis, e ver-se mais em um que em outro, ou em vários ao mesmo tempo, ficam algumas perguntas: O que fará a mulher atual? Para aonde está indo o feminino? Quem irá cuidar do amor e das relações dentro das famílias? Como serão as novas mulheres e as novas famílias?

De alguns anos para cá, as mulheres se tornaram inquietas. Perceberam que podem ter um corpo maravilhoso, que podem batalhar profissionalmente e chegar ao cargo almejado, que podem viver onde e como quiserem, que são donas de si. São mulheres superpoderosas! Porém, a inquietação aparece quando falam de amor, e daí a lamentação começa: *"Onde está meu homem? Cadê aquele amor? Será que algum combina comigo, onde ele está? Nos últimos tempos, conheci vários homens, mas um me largou, o outro desapareceu depois da primeira transa, aquele outro fulano minha amiga roubou de mim e, no final, ele era casado".* E assim seguem as lamúrias.

Pois é, as mulheres de hoje têm uma vida multifuncional, mas nem sempre conseguem organizar seu tempo e receptividade para viver um grande amor de forma plena, construindo relacionamentos de qualidade. No momento em que deveriam investir em um bom partido, estão sem ânimo e sem energia física de tanto trabalhar. Outras vezes, lhes faltam o conhecimento necessário e a habilidade para serem pedidas em casamento. Há momentos em que querem apenas receber carinho, mas será que têm a possibilidade de doar esse afeto? Para o amor surgir, é preciso cultivo permanente, e isso dá trabalho.

CAPÍTULO 3

Cultivando a essência feminina

É fato na realidade de hoje que a mulher, em inúmeros casos, se ocupou tanto em desenvolver suas novas potencialidades que se esqueceu de mesclá-las às suas qualidades de essência. Mulher, se você acha que ficou mais atraente para os homens por causa de suas conquistas sócio-econômico-culturais, tenho de lhe dizer: você está enganada! Potencial financeiro, profissional, força física e *status* são características de atração para um relacionamento afetivo sim, porém, estão em segundo plano. Em primeiro lugar, tem de haver atração sexual e amorosa. A regra é: o homem deve se sentir atraído, primeiramente, pelo visual da mulher. A seguir, deve sentir emoções ao seu lado, e só depois disso é que vai se conectar com sua cultura. Seu intelecto vai entrar na dança da conquista somente depois que o homem percebeu a compatibilidade sexual e amorosa por você. Queridas amigas: é preciso se "rechear" de ingredientes femininos para elevar a atratividade ao pico máximo e saber usar de seus artifícios para iniciar e manter uma relação.

É preciso compreender a importância de "virar a chave" para conectar o estado amoroso e feminino da essência da mulher. Esse é o caminho das rosas! Percebo um incômodo e até certa revolta na mulher quando digo que é preciso se tornar mais feminina para atrair e manter um homem, como se isso fosse piegas, ultrapassado, submisso, sinal de fraqueza ou feio. Entendemos que o homem deveria se sentir atraído pela mulher bem-sucedida, decidida, culta e dona de si. Mas aí, eu pergunto: por que o homem iria querer em sua parceira algo que ele já tem em si? O que ele busca, muitas vezes de forma até inconsciente, é a complementaridade, ou seja, ele quer na mulher características que ele não tem. Se você insistir em manter suas características masculinas na hora da atração e da conquista, posso apostar que você vai despertar desejo em homens que não são tão fortes e decididos, porque estes sim pretendem uma mulher assim. Preste atenção ao que você quer e como você é. Esta é a dica central.

Se você sai do escritório com a mesma postura de executiva e segue para um encontro amoroso, seguramente não deve estar tendo sucesso em suas investidas. Esse é o momento de mudar seu comportamento. Quando você vai sair com um moço, ou quando está querendo atrair olhares, é fundamental que se conecte com seu estado interno genuinamente feminino, com uma onda de alta sensorialidade e sensibilidade. Assim, poderá se sentir e sentir o estado do parceiro-pretendente.

Geralmente, a moça quer segurar o homem no papo, na mente, como se estivesse negociando, como se isso fosse *business*. Mas, definitivamente, o que faz o homem "colar" na mulher são os recursos visuais e o gestual feminino. O homem é, e sempre será, visual. É fato! Mesmo que a mulher-cabeça queira um relacionamento amoroso, ela terá dificuldades e receios de sair do seu papel seguro e habitual para ser mais receptiva, dócil, delicada e sentir a onda amorosa. Se sua postura se mantiver mental, intelectual, racional e pouco flexível, estará agindo de forma masculina, e é exatamente isso o que o homem não quer de você. O homem quer ser envolvido e se encantar com as sutilezas da mulher, e não que existam dois homens na relação. Se o papo estiver acalorado sobre negócios sem nenhuma brincadeira mais apimentada e descontração, saiba que o encontro amoroso desandou. É preciso, nesse primeiro momento, que o homem tenha vontade de pegá-la, de senti-la. Do contrário, ele não vai se envolver; vai descartá-la e o segundo encontro não vai acontecer.

Características essenciais femininas

As características genuinamente femininas são a possibilidade de **atração** (utilizada para flertar, paquerar, conquistar e chamar o pretendente), a possibilidade **emocional** (utilizada para namorar, sentir amor e se relacionar emocionalmente) e a possibilidade **criativa** (utilizada para criar seu próprio mundo, casar, construir relacionamentos estáveis e diferenciados). **Atração**, **emoção** e **criatividade** são fatores essencialmente femininos, que, se bem utilizados, podem levar a mulher a formar um par feliz com um homem. Essa é a trajetória ideal para que se dispare um relacionamento de sucesso. A dica é recordar suas células dessas características femininas. A mulher já possui essa memória ancestral, cravada em sua essência, e é preciso acordá-la dentro de si.

Para a mulher-cabeça se dar bem em suas conquistas e conseguir um relacionamento interessante, ela deve desenvolver sua postura feminina de dentro para fora, ou de fora para dentro, e treinar e exercitar sua essência feminina relacionando-se afetivamente. Cerca de 94% dos homens cadastrados em minha agência são economicamente ativos e estão na faixa dos 30 a 60 anos; e *todos*, sem exceção, querem preencher sua vida com uma mulher que seja atraente, amorosa, atenciosa e fiel, que tenha tempo para a relação e que esteja satisfeita com sua vida profissional. Atualmente, 80% dos homens optam por mulheres com proporção entre peso e altura, e que não sejam fumantes.

Atenção!!! Meus anos de cupido garantem: as mulheres atraem os homens por sua beleza, alegria, jovialidade, receptividade e pela possibilidade de aceitar o homem e oferecer amor. Percebo que muitas mulheres estão inseguras, ásperas e querem camuflar sua fragilidade natural sendo autoritárias, desinteressadas, "fazendo cara de árvore", sendo frias, agressivas. Esse é um dos grandes motivos dos desencontros amorosos da atualidade. Acredito que isso está acontecendo porque a mulher está sem energia vital e sexual. Perdeu aquele tempo de cultivar o feminino com banhos longos, com cuidados com o corpo, com a possibilidade de fazer uma comidinha saudável e caseira, de se cuidar emocionalmente em silêncio e em recolhimento, de estar em grupos de mulheres para cultivar sua essência.

Amiga, se você, como eu, tornou-se uma mulher-cabeça bem-sucedida e dona de si, bem-vinda ao clube! O que tenho mostrado para as amigas "cabeçudas" que têm o objetivo do relacionamento estável é: você já deu o primeiro passo, mas agora é hora de dar o segundo. Vamos alcançar a feminilidade mágica para o encantamento de si mesma. Pelo autoconhecimento, pelo despertar de seu potencial feminino interior de deusa, você se tornará uma mulher-cabeça-acompanhada! Tenho ajudado o despertar de muitas mulheres, relembrando-as da grande sabedoria divina encapsulada e guardada dentro de todas as mulheres. É uma sabedoria que vem à tona e retoma nossa consciência, trazendo clareza em nosso agir. Já despertei muitas mulheres com esse conhecimento. Agora é sua vez! Utilize sua inteligência para desenvolver sua beleza feminina, para que possa chegar à inteligência relacional. É a sua hora!

Atração

Na natureza, muitos são os machos que se enfeitam e se exibem para chamar a atenção e atrair suas fêmeas. Você já ouviu um passarinho cantando para sua fêmea? Percebeu como ele roda e roda em volta dela, muda de árvore e brinca com ela? E o pavão? Meus deuses, que linda sua dança e chacoalhar da cauda! Coisa linda! O cavalo cheira o sexo da égua e depois vai para o pescoço dela se roçar. Toda a natureza elege um cardápio de preliminares, depende da raça. Em geral, são os machos que se exibem para as fêmeas no mundo animal.

Mas... com os seres humanos é diferente. Basta ver uma moça (que nem precisa ser tããão bonita assim) passando em frente a uma construção lotada de homens para ver o tanto de assobios e gritos que saem dali! Uma loucura!!! São as mulheres que mexem com os homens na natureza humana (adóóro!). E como é bom e lindo quando aprendem a mexer com os homens! Mas mexer mesmo, no bom sentido: perceber como, quando, porque, com qual objetivo. Esse é um ensinamento sagrado, que existe desde a época de Cleópatra, uma sumidade nesse assunto. Porém, a tal tradição boca a boca se perdeu, e muitas mulheres não sabem nem por onde começar. É preciso reaprender, minha cara amiga.

Muitas vezes, aprendemos geografia, matemática, português, economia, história, mas, sobre relacionamentos, quem nos ensina? Não aprendemos nada. Sou superantenada nos ensinamentos sobre relacionamentos, não só por causa de minha profissão de cupido, mas também porque minha vida mudou loucamente depois que adquiri alguns desses ensinamentos. E vejo o mesmo acontecer com muitas mulheres à minha volta. Aceite essa verdade, amiga: você pode mexer com o homem que quiser e pode se tornar excelente nessa arte.

A arte de atrair

O primeiro passo nessa arte é saber que os homens têm natureza *visual*. Os homens são atraídos pelo que veem. Por isso, é preciso que as mulheres tenham uma aparência adequada para atrair. Existe um grande ensinamento sobre a leitura inconsciente que o homem faz da mulher quando a vê. Ele pode deduzir se ela está com o coração ocupado ou livre, se ele pode se aproximar ou não, por exemplo. É incrível como existem mulheres vestidas de casadas e que são solteiras. Portanto, a aparência deve ser sempre jovial e fresca, ressaltando o que se tem de melhor. É preciso aprender a valorizar suas características femininas e abandonar, pelo menos nessa hora, seus defeitinhos. O comportamento é megaimportante também. Um ar de intelectual não deve ser a tônica. Prefira adotar um ar de charme, gostosura, frescor, alegria e leveza. Perceba sua postura e seus movimentos corporais, perceba como é sua dança da conquista. Você pode treinar e observar sua dança em frente ao espelho. Preste bastante atenção e faça as lapidações necessárias para torná-la bela, sensual, atraente. Uma arte para você, para seus olhos. Olhos dos *deuses*, olhos *dos* seus *eus*, *dos eus* = deus e deusa.

O homem se sente atraído pelo que vê na mulher porque pensa sexualmente. *O sexo é mental e a mente é sexual.* Você sabia disso? O homem tem de olhar a mulher e logo a querer. É *bio-lógico* (lógica da vida). O homem tem uma noção de encaixe sexual quando vê a mulher; ele sabe se encaixa com ele e se terá ereção com aquela mulher. Por isso, cuidar do visual para não parecer a mãe dele é importante. Sempre use roupas que valorizem as formas femininas. Dê um jeito de ficar gostosa (sem vulgaridade) e elegante! Além disso, não tente bancar o tipo intelectual, é bobagem. Valorize suas curvas, aspectos femininos e sempre tenha uma coisa em mente: o homem quer o corpo da mulher! Depois, ele quer o carinho e o afeto. Ele vai admirar seu lado intelectual, mas só bem depois. Outra coisa importante é que mulher com cara feia e mal-humorada não atrai homem de tipo nenhum.

O homem se sente atraído pelo físico, pelos movimentos e pela noção de encaixe sexual com a mulher. O homem não procura uma mulher intelectual para ser sua sócia, e sim uma dama atraente, bonita, doce, bem-humorada, disponível, carinhosa e acolhedora. Pense na proporção! É dando que se recebe, e se você conseguir ser tudo isso, imagine o homem que vai atrair. Mãos à obra, meninas! Recebi um e-mail de uma moça cadastrada em minha agência. Ela tinha 38 anos. Em um mês, enviamos a ela nove perfis de homens compatíveis. E quer saber? Ela disse *não* a todos eles. Dá para acreditar? É de matar. Ela disse que não gostou dos candidatos. E ainda confirmou que entrou na agência para se casar e que quer se casar! Isso é para todas as mulheres: *é preciso conhecer os pretendentes que a vida nos oferece, deixar fluir, um pouco que seja.* Para o amor surgir, é preciso sair do julgamento das ideias pré-estabelecidas (esse é baixinho, o outro é gordinho, esse é careca, o outro mora longe...). É preciso sair do pensar, pensar, pensar, e entrar no sentir, sentir, sentir.

Isso anda difícil para a maioria das pessoas: *sentir*. E você, como está? Tem sentido fortes emoções? Tem dado pilha ao corpo emocional? É preciso trabalhar e malhar o corpo emocional também. Não é só o físico que precisa de malhação; o emocional também precisa. Outro depoimento que escuto com frequência é de mulheres querendo homens prontos. Coisinha difícil hein, amiga?! Homem pronto está casado, sabia? Quer um homem pronto? Apronte o seu! É a mulher que modela e organiza a vida do homem, na maioria dos casos. O homem precisa casar para ser muito bem-sucedido na vida. Já a mulher vive numa boa sozinha. Você já viu homem viúvo? Logo ele arranja outra mulher. A mulher vive sozinha e se confraterniza com as amigas, faz grupos e se diverte. Para o homem, é bem mais difícil. Os homens organizam sua vida no fazer, sempre estão fazendo algo como futebol, churrasco, negócios. Sempre algo deve ser feito. Homens não marcam encontros apenas, tem de haver um fazer.

As pessoas sempre me perguntam qual é a primeira dica para encontrar o amor ideal. Eu digo: comece pelo primeiro da fila, esse é o início de sua estrada. Já notei que todas as mulheres têm alguém que gosta delas, pelo menos um. Pode ser que não seja o preferido ou favorito, mas você pode se regozijar e agradecer ao universo de ser a preferida de alguém, e desfrutar dessa energia de forma bela e respeitosa. Se você topar conhecer melhor esse primeiro pretendente, vai entender o porquê de ser atraente para ele, e poderá mudar seus pontos de atração para atrair outros que você pretenda. O problema mais comum da mulher é que ela rejeita quem a quer, porque quer outro que não a vê. Portanto, comece dando carinho ao primeiro e se tornando uma amiga dele, ou uma pessoa próxima. Não desdenhe do rapaz de forma alguma, nunca! Se estiver numa festa e alguém a tirar para dançar, vá. Dance um pouco e agradeça a preferência por sua beleza e energia; logo outro virá. Se você for grossa com o primeiro, provavelmente passará a noite toda sentada. Se você machucar alguém que a ama, pode ser que o cupido se enraiveça e não lhe mande mais nenhum outro para ser machucado. O universo percebe que você não está preparada. Se é dando que se recebe, você estará dando desprezo e desprezo receberá. Cuidado!

Portanto é importante entender que *quem dá amor – acredita no amor – recebe amor*. Quem não dá amor, não acredita no amor e não vive o amor. Quantas pessoas receberam seu amor hoje? Nem me responda que você está sozinha e por isso não deu amor para ninguém. Quem dá amor dá para todo o universo, para quem encontrar na frente e, seguramente, pessoas assim estão rodeadas de gente. Quem é generoso com as pessoas está rodeado de gente, já reparou? Por outro lado, gente chata, mal-humorada e pão-dura com o amor está sempre sozinha. Comece dando amor ao planeta por intermédio de sua beleza e sorriso.

Aliás, gosto muito de uma frase do mestre De Rose, que diz: "*Quem está sozinho está mal acompanhado*". Eu concordo. De fato, quem se sente sozinho está acompanhado de seus maus pensamentos, de sua mente turbulenta, tão turbulenta que nem percebe que estamos todos conectados. Porque quem está sozinho e desfrutando da sua natureza, percebe que não está sozinho. Estamos todos conectados, somos mesmo aquela tal gotinha no oceano. De um oceano imenso de energia, somos apenas um pedaço. Mas por que estou dizendo tudo isso? Porque a gente atrai pelo que pensa e sente, você já deve ter escutado isso. Eu comprovo isso por intermédio de um volume enorme de pessoas que atendo. É verdade: quem tem bom astral e energia está pronto para encontrar um grande amor. Quem é amável será amado. É óbvio. E os números comprovam.

> ## *Lembre-se:*
> **Homens são visuais** – é preciso nutrir uma bela imagem de si mesma, lapidar sua dança da conquista e cultivar sua potência orgástica.
> **Plantar para colher** – se está plantando amor e alegria, colherá amor e alegria.
> **Bom humor** - ninguém paquera uma pessoa mal-humorada. Cara feia espanta homens e atrai maus espíritos.

Potencial divino para atrair

É importante que a mulher compartilhe com outras mulheres sua beleza, sua alegria, suas mudanças e sua forma de ver o mundo. Dessa maneira, poderá encontrar seu potencial divino de beleza com ajuda das amigas de "culto". Com essa convivência afinada, pode se "rechear" de ingredientes que admira em outras mulheres, sejam eles trejeitos, gestos, fala, roupas, maquiagem, andar, etc. Pode, assim, ter todas as faces das mulheres que convivem com ela e que ela admira. A mulher fica mais interessante, enigmática e misteriosa.

Para que isso aconteça de forma positiva e saudável, não entre em competições e comparações destrutivas com outra mulher, achando que a outra tem melhores chances porque é mais alta, mais magra, mais jovem. Toda mulher tem um potencial divino de beleza, que deve ser descoberto e valorizado. Pode ser um rosto harmonioso, olhos expressivos, boca sensual, sobrancelhas fortes, belos seios, pernas, barriga lisinha, cintura, quadris, bumbum, mãos, pés...

Eu admiro a cultura indiana que consegue valorizar muitas partes do corpo com adornos e ressaltar a beleza da mulher como uma joia. Cada mulher torna-se uma pintura única, uma linda expressão de Deus. Onde há uma bela mulher, lá está o amor ao seu redor. A beleza da mulher é a emanação dos sete raios da criação, que expressam seu estado físico, sexual, econômico, emocional, artístico-social, mental e espiritual.

O potencial divino de atração da mulher está relacionado muito mais ao zelo, cuidado e atenção que ela dá às partes interessantes de seu corpo do que a qualquer tipo de estereótipo social. A mulher deve se olhar e se cuidar dos pés à cabeça. Deve se aceitar e se amar. É importante que a mulher descubra e saiba valorizar os pontos fortes de seu rosto e corpo. Se a mulher gosta e admira seu rosto e corpo, ela coloca à sua volta uma aura de atração-desejo-amor que os homens, certamente, sentirão. Se a mulher se vê à vontade em frente ao espelho, se se acha bonita, se aparece bela para si mesma, se se envolve com sua feminilidade, ela ficará atraente para si e para o outro, porque o amor pelo outro começa pelo amor por si.

A mulher encontra seu potencial divino quando se observa atentamente no espelho. Ela vai olhando e encontrando sua beleza. As partes divinas são aquelas que percebemos ser as mais belas e atraentes, pois a beleza é o que nos aproxima da perfeição de Deus. Deus é sinônimo de perfeição e beleza, assim como nossa arquitetura individual. Cada mulher tem uma arquitetura própria, como as casas: umas são de praia, outras de campo, umas de veraneio, outras para escritório e assim por diante. Da mesma forma são as mulheres. Existem mulheres de todos os tipos de arquitetura: que atraem crianças, que atraem pássaros, outras que atraem afeto, outras sexo, outras amigos, dinheiro, etc. E você? Sabe qual é a natureza de sua arquitetura individual?

Atração, um mistério a ser revelado

Tudo o que a mulher usa sobre seu corpo funciona com um código, consciente ou inconsciente, para ela e para quem a vê, do que ela está transmitindo. O tipo de roupa, a quantidade, a maquiagem ou a ausência dela, as cores, os adornos, os perfumes, o tipo de sapato, o jeito de arrumar o cabelo, tudo funciona como um conjunto de sinais que significam algo, e que, certamente, é entendido por quem os percebe. Há sinais para atrair, assim como há para repelir, ou apenas chamar a atenção. Preste atenção no significado de cada um desses elementos para transmitir e receber adequadamente a mensagem que deseja.

Roupas para atrair

A atração para o homem é mais forte quando as partes do corpo da mulher são reveladas de forma parcial. A mulher não precisa estar seminua para atrair. Veja que em um *striptease*, o *frisson* acontece enquanto a mulher está de roupa, tirando vagarosamente peça por peça. Depois que ela está nua, acaba a apresentação, porque não resta mais mistério. Daí, só o sexo pode rolar, acabou a grande sedução e começa o romance do toque. A energia sai da mente e do campo sutil e vai para o físico, para a energia densa. Vira carne, animal. Quando a mulher usa roupas muito reveladoras, pouco ela deixa de mistério. O que ocorre com isso é que ela acaba atraindo mais homens que querem sexo; afinal, essa é a mensagem que ela está passando. A mulher deve ser atraente sim, porém sem cair na vulgaridade.

Outro dia fui ao shopping e vi uma moça de sapato de salto altíssimo e de shorts de lycra grudado no corpo. Ela estava acompanhada de um moço que eu tinha conhecido havia dois dias na agência. Na ocasião, ele me contou que tinha uma namorada bem compatível com ele nos esportes, na vida sexual, e a dois, mas ele achava que ela não era uma moça séria. Outro problema era que a família dele não aprovava o romance, e ele mesmo não a via como uma moça para casar, apesar de ela querer muito ficar com ele e repetir que queria casar. Ficou clara para mim toda a insegurança dele, evidente; afinal, ela parecia uma garota de programa. Estava toda gostosona, sem dúvida, mas completamente vulgar, sem noção mesmo.

A regra geral no quesito roupas para atrair é: *abre em cima e fecha embaixo, ou fecha em cima e abre embaixo*. Ou seja, se optar por um decote profundo, coloque uma saia mais longa ou calças mais largas. Se preferir uma minissaia ou calça justa, opte por menos decote. Se seu objetivo é atrair um homem brasileiro, é importante que a roupa evidencie o bumbum. Se tiver um bumbum bonito, pode escolher sempre as saias ou calças justas. Se não tiver, tente a calcinha com enchimento (se até a mega-linda-cantora americana Beyoncé, que ganhou o título de mulher mais gostosa do mundo, usa calcinha de enchimento, por que não tentar?). As saias são sempre bem-vindas. Ainda são preferência internacional entre os homens. Se tiver belas pernas, abuse. Se não tiver, use meia elástica modeladora por baixo e uma meia fina por cima, pois todas as pernas ficam maravilhosas assim, receita de sucesso! Você também pode e deve usar corpete, aquele que faz cintura e organiza a postura, e dá uma super ajuda no formato do corpo!

Os sapatos são um ponto importante também do vestuário. Sapato de salto alto alonga o corpo, modela a perna, empina o bumbum e dá uma postura elegante. Uma bonita sandália que deixa entrever os pés da mulher é muito sensual e insinuante. Delicadeza e elegância sempre!

Maquiagem para atrair

A mulher *nunca* deve sair de casa de cara lavada, nem que a moda diga para se adotar um "*look* natural". Cara lavada e aparência acabei-de-sair-do-banho não atraem nadinha, só diminuem a autoestima. *Toda* mulher deve usar a maquiagem a seu favor. Não precisa ser nenhuma *expert*, nem fazer curso de maquiagem. No entanto, algumas regras são úteis:

Olhos

Olhos sempre devem estar pintados. No rosto, os olhos representam sua possibilidade amorosa. Não dizem por aí que os olhos são as janelas da alma, as portas do amor? A mulher deve sempre pintar os olhos para que fiquem evidentes e marcantes. Crie uma marca registrada sua, uma pintura estilosa, para se diferenciar no meio da multidão. Delineador ou rímel são in-dis-pen-sá-veis. Em todas as revistas femininas há dicas de como fazer e mudar o traço do delineador. Treine no espelho, urgente! Outra coisa: quem tem olheiras deve investir em corretivos para disfarçar a cara de peixe morto. Ou vai querer sair com o moço com cara da Mortícia, da Família Adams? Olheiras dão um ar de tristeza e depressão, esta é a imagem que você estará passando: tristeza.

Boca

A boca, que tem a representação do sexo, também deve estar sempre pintada. A maior dica é contornar sempre os lábios com lápis de boca, pois isso passará a imagem de que você controla sua energia sexual e que ela não está liberada para todos, como no caso do batom estar solto na boca. Batom ou gloss escorrendo na boca é coisa de filme pornô, cuidado! Batom deve ser delineado com o lápis de boca. Se você está com aquelas linhas em volta da boca, que chamam agora de "código de barras", entenda que o batom precisa ser seco

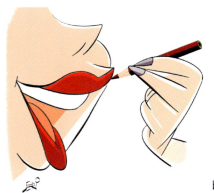

para não escorrer. Se você não tiver um bom batom seco, passe pó sobre o batom já delineado com o lápis; fica super *light* e lindo, bem chique.

Pele

É importante estar com uma boa pele sob a maquiagem, usar corretivo e uma boa base quando precisar. Pode-se até usar uma base que dê um ar bronzeado para ficar mais saudável e atlética. Pele bem tratada, sem doenças e manchas, é sinal de saúde e cuidados consigo mesma, o que certamente é uma indicação de boa autoestima, frescor, jovialidade e amor-próprio, e isso é muito atraente, com certeza.

Cores

O *blush* nas maçãs do rosto, sombra nas pálpebras, sobrancelhas delineadas... há tanta coisa importante! Para saber tudinho mesmo, e ainda as cores de maquiagem, que refletem cada estado interno, é preciso um pouco mais de informação (dou um curso específico sobre isso!). São muitos detalhes, cada rosto tem sua beleza e tendência, e isso é mágico. Com um pouco de experiência e experimentação, é possível ir descobrindo aos poucos o que ressalta e favorece você.

Adornos para atrair

A mulher é complexa, e sua natureza feminina é cheia de detalhes. Adornos como brincos, colares, pulseiras, anéis, adereços de cabelo, bolsas, sapatos, lenços, perfumes... isso sem falar em manicure, pedicure, depilação, pinturas corporais, etc. São quase infinitos os elementos para ajudar na atração de uma mulher, e um livro inteiro não seria suficiente para descrevê-los! E esse é um conhecimento milenar, ancestral. As mulheres adoram, claro! Não é à toa que esse é um dos assuntos principais das revistas femininas e das vitrines das lojas no mundo todo. É importante prestar atenção a isso e utilizar-se desse recurso. Com um pouco de autoconhecimento, experiência e tentativa-e-erro, a mulher vai aprendendo o que pode usar e aproveitar para valorizar-se. Informação para isso não falta na mídia.

Cabelos para atrair

A mulher com cabelo comprido é a preferência entre os homens. Cerca de 93% dos homens preferem mulheres com cabelo na altura dos ombros ou abaixo. Isso não quer dizer que você tem de correr para fazer um *megahair*. A grande questão é saber usar o cabelo e o penteado para atrair os olhares. Quanto mais jovial melhor, sempre! De preferência, não use coques ou cabelo preso, pois sempre dão a impressão de pessoas retraídas e muito sérias. Prefira cabelo solto, liso ou ondulado. Atualmente, já existem homens no cadastro de minha agência que voltam de um encontro e comentam que a mulher tinha o cabelo mal cuidado. Isso não existia há sete anos, e nem há cinco anos, é coisa bem recente. Hoje em dia, o homem percebe se a mulher cuida do cabelo ou não. Fique esperta! Outra coisa: cabelo sujo nem pensar, heim? Não há nada mais desleixado. Cuidado também com as tinturas, principalmente aquele cabelo loiro amarelado ultra-artificial. Ai, ai, ai, meninas! Atenção à aparência. Se quiser pintar o cabelo de loiro e tem o cabelo preto, é difícil ficar natural e deslumbrante. Porém, o mínimo que se pode fazer é procurar um ótimo salão de beleza e cuidar bem da cor para não ficar *over*.

Comportamento para atrair

A mulher, para atrair, deve sempre estar fora do papel de executiva ou de mãe. No quesito comportamento, o que atrai o homem é o bom humor, a receptividade e a forma de se movimentar. Comportamento leve, pensamentos alegres e prazerosos. Procure sentir seu corpo e veja como mudar seu movimento a cada momento. Perceba o teatro de seu corpo, seu andar, sua forma de sentar e sua postura. Tente deixar o movimento gracioso e harmônico. Seu estado interno é muito importante também, porém, você deve estar com os pensamentos e sentimentos bastante positivos para conseguir soltar isso pelos poros. Para você estar satisfeita, no mínimo deve estar com o intestino limpo, ter feito alguma atividade física no dia, estar descansada e bem humorada. Sentir-se bem é uma conquista, um aprendizado, e depois um cultivo diário. Cultive essa amizade consigo mesma. *Só comigo eu consigo*.

Quando você estiver bem leve e solta, comece a focar a beleza do moço, dispare emoções internamente a respeito dele. Pense como ele é bonito, ria de seus pensamentos, sinta arrepios e sorria bastante para ele. Dispare suas emoções internamente com pensamentos secretos, até dar aquela bobeira deliciosa em você, e então você vai externar essa bobeira em trejeitos, arrepios, gargalhadas e movimentos corporais. Não caia na besteira de contar o que pensou, apenas use a técnica para disparar suas emoções e ter charme. Cultive-se por dentro que, naturalmente, por fora aparecerá todo seu prazer interno. Perceba, a partir disso, que o inverso também acontece. Se você está na frente de um homem, do seu marido, por exemplo, e começar a pensar que o cara já não tem mais charme e não lhe agrada, pode saber que amanhã ou depois ele estará brochando com sua presença também. A energia se move, e o movimento nem sempre depende da nossa vontade.

Os sete tipos de homem

A mulher, para atrair, primeiramente tem de saber que tipo de homem deseja, qual seu perfil e seu ideal. O homem é simples e a mulher é complexa. Portanto, fica mais fácil para as mulheres entenderem os homens do que vice-versa. Então, se as mulheres podem entender os homens, vamos lá mulheres! Classifiquei aqui os sete tipos principais de homens para que as mulheres possam refletir sobre eles. Esses sete tipos estão baseados no conhecimento energético básico do corpo humano, os *chackras*. São apenas sete tipos básicos. É claro que existem muitos outros tipos, que são compostos por esses sete tipos descritos, além das variações de cada um dele. As descrições a seguir têm o objetivo apenas de fazer com que você perceba a tendência de cada homem que você conhece, e tenha uma ideia de como agir com cada tipo. Isso é importante porque, muitas vezes, percebo que existem mulheres que esperam maçãs da pereira. Por exemplo: querem um homem fisicamente bombadão e espiritualizado. Não é que não exista, mas é bem difícil. Os homens espirituais não investem tanto tempo em academias, assim como os bombadões não investem tanto tempo em templos e estudos espirituais. As pessoas têm uma tendência natural, uma missão divina, e isso você, mulher, precisa descobrir sobre o homem em questão. Se não perceber o objetivo central daquela existência, daquela vida, daquele homem, e não admirar esse objetivo central, não irá se apaixonar por muito tempo. Vejo muitos casais casados assim ultimamente, sem conexão com sua própria essência e com a essência de seu parceiro. Assim o amor acaba, porque acaba a admiração. Você nem olha, não "mira" a pessoa. Ela se torna um quadro previsível, que você nem vê. Por isso amigas, casadas e solteiras, identifiquem aqui o potencial principal de seus maridos, companheiros e futuros pretendentes, de acordo com esses tipos de energia. Já é um bom começo:

Homem esportista: o gato malhado

Perfil dele: Gosta de esportes e os pratica. Cuida da saúde, da alimentação e do bem-estar próprio.

Lugares que frequenta: Parques, academias, jogos e competições esportivas, restaurantes de alimentação natural, lojas de produtos naturais e orgânicos.

O que vestir: Roupas tipo *fitness*, pouco sociais, que valorizem a saúde física.

Como agir: Ser espontânea, preferir o dia à noite, dormir e acordar cedo. *Hellooo!* Se quiser fisgar um gato esportista, não acenda um cigarrão e nem pense em pedir refrigerante ou bebida alcoólica.

Sinais que ele dá: Está indo tudo bem se ele a chamar para andar de bicicleta no final de semana, para fazer um *trekking*, ou seja, inseri-la na programação esportiva dele.

Homem sexual: o sexy

Perfil dele: "Don Juan", galanteador, bom de papo, elogia bastante a mulher, é bonitão, tem boa autoestima, sabe falar as coisas certas para a mulher ficar caidinha por ele.
Lugares que frequenta: é o "arroz de festa", frequenta as baladas da moda.
O que vestir: bem sensual, provocante.
Como agir: com ousadia.
Sinais que ele dá: deixa a mulher solta (até demais). Atenção! Se quiser fisgar um desses, você terá de mandar muito bem na arte do sexo; eles ficam apenas com mulheres de energia sexual bem alta.

Homem rico: o executivo ou bem-sucedido

Perfil dele: Homem bem-sucedido profissional e financeiramente, dedica boa parte de seu tempo para atividades de trabalho, reuniões de negócios e finanças.

Lugares que frequenta: Locais caros e cheios de glamour, bons restaurantes, festas da alta sociedade, festas fechadas e íntimas.
O que vestir: Roupa cara e discreta, com joias idem.
Como agir: A mulher deve agir com discrição para atrair esse tipo de homem. Ele tem pavor de mulher escandalosa ou que chame muito a atenção de outros homens.
Sinais que ele dá: Ele está a fim quando dá presentes, manda flores e bombons, e a chama para viajar junto com ele.

Homem emocional: o casadoiro

Perfil dele: Romântico, carinhoso, gosta de crianças, é confiável, sempre fala da família mãe, avó, primos, etc.
Lugares que frequenta: Festas de amigos, encontros de família, casamentos.
O que vestir: De forma atraente, mas sem exageros, preservando um ar de romantismo para poder ser apresentada à família dele.
Como agir: Ser amorosa, atenciosa, familiar.
Sinais que ele dá: Ele a convida para conhecer os pais dele, chama para um almoço em família, um cineminha, ou lhe pede para fazer compras no supermercado com ele.

Homem artístico: o artista

Perfil dele: Ousado, veste roupas com estilo próprio, tem forte personalidade.
Lugares que frequenta: Lugares *cult*, exposições, *vernissages*, festivais de música alternativa, teatro, saraus.
O que vestir: Tem de ser estilosa, sair do comum, encontrar um tema para se vestir.
Como agir: De forma criativa, encantando.
Sinais que ele dá: Quando ele percebe seu estilo e reconhece seu movimento e gestos, é porque "gamou".

Homem intelectual: o erudito

Perfil dele: Aprecia uma boa leitura, é conhecedor de muitas histórias, é fascinado por cultura vasta.
Lugares que frequenta: Palestras, livrarias, museus, exposições, saraus, concertos.
O que vestir: Roupas que a favoreçam com classe e cultura (um adorno oriental, por exemplo, ou um enfeite espanhol característico).
Como agir: Demonstre que está encantada com o saber dele, faça perguntas, deixe-o falar, afinal, ele é o saber. Você deve ser boa ouvinte.
Sinais que ele dá: Quando ele começar a querer que você estude e fique por dentro dos assuntos dele, é porque foi fisgado.

Homem espiritual: o monge

Perfil dele: Observador, consciente, um pouco distante, tem controle das próprias emoções.
Lugares que frequenta: Templos, igrejas, escolas de ensinamentos sagrados, cursos de temas místicos, livrarias alternativas.
O que vestir: Roupas que evidenciem mais o contorno do corpo do que as que exponham a pele.
Como agir: Estar sempre presente, ser confiável e atendê-lo.
Sinais que ele dá: Envolve a mulher em suas atividades, interesses e orações.

Mesmo que um homem tenha perfil misto, formado por mais de um dos tipos mostrados, você pode notar que cada um tem uma tendência central, uma característica mais forte e marcante, e depois se seguem padrões secundários. Mas observe que sempre predomina um deles. Amigas, já que somos complexas e multifuncionais, vamos utilizar nosso conhecimento para saber que um homem nunca vai entender uma mulher. E nem vamos mais exigir isso! Seria bobagem e perda de tempo! Um homem tem de saber tratar uma mulher, e isso é muito importante. Ensine seus filhos homens a serem corteses e cavalheiros, a gostarem de servir às deusas com honras e amor. Por isso, minha linda *deusa*, se dê ao respeito de ser tratada como uma rainha. Entenda que os homens podem ganhar energia ao servir uma mulher, pois estarão canalizando energia para ela. Essa energia voltara dobrada para eles; afinal, é dando que se recebe.

Atraindo o homem certo

Atenção, amiga: depois que você atraiu o moço, se ele ficar se esquivando, não retornar as ligações, os e-mails, as mensagens de celular, se não combinar de sair novamente... *Esqueça!* Parta para outro. Ele não se conectou com sua energia amorosa. É melhor focar sua intenção em outro pretendente a ficar querendo entender com a mente o que não rolou. Você não conseguirá entender porque ele não sente amor. Isso é para o psicanalista dele e não tem a ver com você. Saiba: só quem tem amor em si percebe o amor no outro. Certa vez, ouvi uma história muito interessante de uma mestra. Ela disse:

> *Eu estava em uma farmácia comprando algodão e encontrei uma pessoa conhecida de muitos anos. Muitos anos antes de minha iluminação. Essa pessoa conhecida de minha infância me olhou e disse que estava com um problema e que precisava de uma resposta para resolver sua vida. No mesmo instante em que a pessoa falou sobre seu dilema, recebi do universo a resposta, pois, apesar de a pessoa não saber, eu já estava iluminada e pude saber, em instantes, a resposta de toda a sua aflição. O sol tinha iluminado meu rosto e, naquele instante, a pergunta tinha sido respondida para mim. Eu ia começar a falar, mas a amiga disse às pressas: "Estou indo agora em uma vidente para fazer essa pergunta a ela". Eu era a vidente e estava ali na sua frente, e ela não me viu de fato, não me percebeu. Porque ela não tinha visão, sensibilidade e intuição.*

E eu agora pergunto a você: quantos mestres passaram em sua vida e você não percebeu? Cada homem que passa na vida de uma mulher é um mestre e tem uma chave de sabedoria para dar, pois todos os homens são *um*. Costumo dar esse ensinamento dizendo para as mulheres que todos os homens são *um* e todas as mulheres são *uma*. Ou seja, a energia masculina na Terra é uma só. Se você dá uma de louca e fala mal dos homens, todos escutam, percebem, mesmo inconscientemente. Se você entender que vai atraindo cada vez mais uma energia compatível com a sua, não falará mais nada de nenhum homem que encontrou, porque foi você o agente causador da atração. Por que você atraiu aquele tipo tão desinteressante? Há algo em você que o atraiu, e o autoconhecimento é a chave. Se você diminuir um homem em sua essência, irá atrair a revanche, e, o pior, é que o retorno, provavelmente, virá por intermédio daquele que você mais gostar, acredite! Por outro lado, se todas as mulheres são *uma*, preste bem atenção como seu *pretê* trata as mulheres que o cercam (mãe, irmã, ex-mulher, etc.). Não acredite que se ele detona a ex-mulher ele vai gostar de você. Um dia, fará o mesmo com você, pode ter certeza. Inclusive, se você presenciar situações em que o homem for grosseiro com mãe, irmã, e até mesmo ex-esposa, você dê essa consciência a ele, dizendo, por exemplo: *"Tenho certeza de que sua ex-mulher tem muitas qualidades, porque você é um homem muito inteligente e, se ela não fosse uma pessoa legal, você não teria se casado com ela"*. Outra dica, amiga: não fique escutando coisas sobre os relacionamentos antigos dele. Isso polui a relação, não há nenhuma vantagem nisso, acredite!

Muitas vezes, tento mostrar às mulheres que é preciso fazer a fila andar com consciência, ou seja, criar oportunidades de aprendizado para haver crescimento. Ficar culpando os homens e dizendo que não existem homens bons, não adianta nada. Envolva-se; se faltar algo nele, ensine e aprenda, pois as relações acontecem na base da troca. Por outro lado, se você não tiver nada para ensinar, dificilmente esse homem ficará com você. Você ensina e aprende numa relação, é para isso que interessa se relacionar. Na hora certa, cada mulher chegará àquele que a completará, porque já terá pego as chaves anteriormente. Ninguém se relaciona com alguém que não tem nada para oferecer. Por isso, é preciso estar recheada para ser atraente. Veja que existe grande diferença entre estar recheada na cabeça, com um monte de informações, e estar recheada por inteiro, cheia de sabedoria. Para saber, é preciso ter sabor, ou seja, é preciso ter registros de vivências maravilhosas, experiências suas. Está aí uma grande diferença. Existem muuuitas pessoas que acham que apenas com boas informações podem viver muito bem; porém, quando acordam, estão bastante doentes e equivocadas, pois só falam e pensam, mas não vivem a vida que pregam. Aumentou o número de pessoas com esse perfil de um tempo para cá em minha agência. Acredito até que seja por causa do volume e da facilidade com que as informações estão disponíveis. Parece que todo mundo sabe que é preciso ter uma alimentação saudável, por exemplo, mas se você vai a uma festa, dificilmente vê alguém negando uma comida gordurosa ou calórica, e todos se dizem superconscientes na alimentação. É engraçado, repare.

Emoção

É importante que as mulheres tenham contato com sua parte sensível e emocional. Faz parte de sua essência. É isso que os homens procuram nas mulheres, e é isso que faz um relacionamento se firmar. Amar é aceitar o outro também. A mulher deve contar ao seu companheiro sobre as sensações que teve só com ele. Ele vai a-mar. Deve dizer: *"Só com você sinto minhas mãos suarem", "Com você meu coração dispara", "Com você me sinto no céu"*. Quando a mulher acessa esse amor em si, isso tudo flui de forma natural. Não tente sentir amor pelo outro sem antes ter sentido amor por si. Lembre-se: você só pode dar aquilo que tem. Só quem tem amor em si percebe o amor no outro.

Depois de atrair o homem de seu interesse, a missão da mulher é conduzir a dança para o namoro. Para que um homem queira engatar um namoro, precisa se sentir aceito e cuidado pela mulher. É preciso incorporar seu potencial amoroso. Como fazer a passagem da paquera (atração) para o namoro? Um homem passa de ficante a namorado quando percebe que a mulher demonstra amor e carinho por ele. É lógico que a ficada entre vocês tem de ter rolado na mais alta temperatura, tem de ter sido o máximo, fogosa e intensa. Para passar do fogo da ficada para o namoro é preciso suavizar com amor.

Criar vínculos na paquera para encontrar de novo

Para que você possa criar vínculos e conseguir engatar o namoro, vou dar uma ajuda. Tenho uma prática que faço no workshop *Cara Metade*, que é aprender a criar vínculos em dois minutos de conversa. É uma prática de desenvolvimento positiva. As pessoas se conhecem e, rapidamente, devem se colocar na vida daquela pessoa no futuro e criar um vínculo imediato com ela. Funciona assim:

Ela: O que você mais gosta de fazer?
Ele: Andar de moto. Tenho um grupo de motoqueiros e curto viajar de moto.
Ela: Puxa, eu não acredito! Esse é o meu sonho!!! Sempre sonhei viajar de moto com alguém, e acho que pedi tanto que você me apareceu. Quero ir com você, vou dar meu telefone para você, e agradecerei por poder realizar finalmente meu sonho!

Amiga, imagine o cara?! Nem que ele não tenha gostado tanto da moça, com certeza se comove em realizar o sonho dourado da garota e, nessas de ir e vir juntos, poderá aparecer um romance com ele ou com algum amigo motoqueiro. Bingo!

Deixar claras as emoções

Se você gostou do moço que conheceu na noite anterior, é importante deixar isso claro para ele. De que forma? Ligando para ele. É isso mesmo! Nada daquele papo de fazer tipo, deixar o cara "cozinhando em banho-maria" por semanas. A estratégia é: se gostou, deixe-o ciente disso. Preste atenção na forma que conduzirá a conversa ao telefone, nesse momento e sempre! Nada de *"Onde você está?"*. Isso irá evidenciar que você é controladora, e disso *nenhum* homem gosta. Seja romântica, amorosa, mostre seu zelo por ele, prefira dizer: *"Olá você está bem? Como passou de ontem para hoje? Estou sentindo sua falta"*, ou *"Sinto seu delicioso cheiro"*, ou *"Sinto sua boca em minha boca"*. Mostre que se ocupou com as sensações que teve com ele. Quando for romântica e sensual, não será grudenta. Outra coisa importante é você fazê-lo sentir que ele é o único, que você está focada nele. Sempre que falar com ele, dê atenção, fale naturalmente com quem anda e vá fazendo com que sua vida e seus bons hábitos apareçam para ele, dê segurança. Isso vale também para relacionamentos de mais tempo. É importante expressar as emoções e manter a conexão forte, e deixar claro para o outro o que se está sentindo.

Aceitar

É importante falar para ele o quanto você o admira e como reconhece as qualidades dele. Não se deve querer mudar o jeito dele "de cara", logo na primeira semana de namoro. As mudanças acontecem ao longo do tempo, e iniciam-se quando você sentir que está sendo querida e elogiada. Isso pode ir acontecendo depois do casamento, quando você já poderá cuidar dele intimamente, das roupas, hábitos, e já saberá os lugares que ele frequenta. É preciso adotar um olhar amoroso com as atividades e condutas do ser amado. Você deve elogiar suas escolhas, sua conduta. Ele precisa se sentir admirado por você. Por exemplo, diga a ele: *"Você fez a escolha certa do restaurante para jantarmos"*, *"Você é tão habilidoso na estrada, adoro viajar com você"*, *"Ao seu lado me sinto segura e tranquila"* ou *"Me sinto protegida ao seu lado"*. Você deve abolir comentários do tipo: *"Erramos o caminho porque você nunca ouve o que eu digo"*, *"Essas roupas que você usa são muito formais"* ou *"Não gosto desses seus amigos do futebol"*. Quando está voltadas para o coração, para as emoções, e quando a mulher se torna amorosa, aquela vontade enlouquecedora de dar palpites, de mudar e de criticar o homem vai dando lugar a um respeito por ele, a uma aceitação de como ele é, porque essas são características de nosso lado mental. Lembre-se: devemos conduzir a relação de forma amorosa. Se a vontade de falar pegar você de verdade, telefone para uma amiga e fique conversando com ela. Deixe para conversar com ele sobre assuntos legais e prazerosos.

Não seja tagarela

Quando você perceber que vai querer tagarelar no ouvido do coitado a noite toda, vou dar uma dica de um ritual que diminuirá sua ansiedade de falar e, com certeza, seu amado receberá sua mensagem (e, no encontro, já estará ciente e afinado com seu discurso). O ritual é o seguinte: quando for tomar banho para sair com o moço, coloque-o mentalmente com você dentro do banheiro, tome banho com ele e já vá conversando, falando de seus assuntos para ele. Quando estiver passando creme no corpo e se maquiando, imagine-o ao seu lado e siga a conversa, dizendo tudo o que tem vontade. Quando você o encontrar fisicamente, perceberá que ele recebeu toda a mensagem pelo campo mental, como uma telepatia, e o melhor é que você não precisou discutir a relação (a famosa DR) com ele. Assim, você fala o que quer e não desgasta a relação. Muitas vezes, você vai perceber que ele poderá já vir com as ideias que você "deu", quando encontrar você. Ótimo! Você já saberá, mas poderá dizer que é uma ótima ideia. Afinal, era o que você queria mesmo! Essa é uma técnica fantástica para que alguém colabore com você, partilhando as ideias, e a ação também será partilhada, ou seja, a implantação estará garantida!

Cuidar e não controlar

Para entrar na onda do namoro, é preciso *cuidar* e *não controlar*. Nenhum homem namora uma mulher que não é carinhosa com ele. Muitas mulheres dizem que querem um homem que corra atrás delas, mas poucas sabem que, para isso acontecer, elas precisam demonstrar *amor* e *aceitação*. Aquele papo de que o homem quer uma mulher do tipo da mãe dele (ou da avó), que cuida e paparica, é parcialmente verdade. Sabe por quê? Porque a mãe/avó é o modelo que ele tem de mulher, e não há mal nenhum nisso. Mas atenção: nesse caso, o cuidado e o zelo devem vir muito bem temperados com sensualidade, para que ele não ache que realmente arrumou uma segunda mamãe ou uma vovozinha.

Nessa fase de engatar o namoro, deve-se cuidar do homem quando surgir a primeira oportunidade. Por exemplo: ele chega em sua casa com dor de cabeça, e você faz logo uma massagem nele ou prepara um banho delicioso, e faz um chá. Imagine que o moço da dor de cabeça lhe telefonou e disse: *"Não vou à sua casa porque estou com dor de cabeça"*. Se você gostar do moço, pode dizer: *"Então posso ir à sua para cuidar de sua dor e ajudá-lo no que for preciso. Posso fazer uma canja para você, uma compressa, um escalda-pés, ou algo assim"*. Você deve usar suas "mandingas femininas" para ajudá-lo e para demonstrar que está ao seu lado na saúde e na doença. É uma ótima oportunidade! Se ele aceitar, bom sinal, siga em frente. Se ele se esquivar, e não entrar na onda amorosa, isso significa que ele não está a fim de algo a mais com você. Conforme-se. Se ele fosse o amor da sua vida, ele corresponderia nesse momento da doação de amor. Nesse caso, deixe a fila andar. E lembre-se: ganha quem ama. Se você amar, se se doar e puder sentir amor, sorte sua! Depois do fim, você vai transferir o sentimento, que é seu, para outra pessoa. Quem não consegue amar sofre muito, porque entrou vazio e está saindo vazio de novo. Outra coisa que noto é que, quem se doa, naturalmente encontra uma nova pessoa para se doar. Quem não se doa ainda vai ter de aprender a se doar.

Os grandes deslizes acontecem com o controle que um ou outro (ou ambos) querem impor à relação. Ligar o tempo todo, colocar empecilhos para o futebol, vasculhar as ligações do celular ou os e-mails dele é furada! Agir como detetive deixa as mulheres exaustas e deixa a relação chata e desagradável. Quem é desconfiado é inseguro, pode perceber. Se esse for seu caso, melhor é cuidar da autoestima para não atrair mais desconfiança. Para confiar mais em seu taco, há várias opções: faça terapia ou repagine-se com um novo visual, ou entre em uma academia de dança. As mulheres têm tantas formas de se sentir belas! Encontre a chave de elevação do seu estado. Assim, você sempre poderá estar com a energia alta!

Romantizar

É muito gostoso quando você conhece alguém e a presença dessa pessoa dispara suas emoções! É delicioso! Como acontece isso? Você se imagina com aquela pessoa em cenas que a agradam, ouvindo coisas interessantes, sendo tocada de alguma forma, sentindo o cheiro dele, beijando sua boca. Isso vai disparando os cinco sentidos (para fazer sentido e sentir muiiiiiiiiito!). Visão, tato, audição, olfato e paladar. Para romantizar, você usa seu potencial sensorial no último grau, a milhão. Isso acontece naturalmente quando você é jovem e encontra uma pessoa nova, uma pessoa que nunca viu. Porém, se você está namorando faz tempo ou é casada, esse impacto energético do novo não existe mais. Então, como fazer? Basta fazer o mesmo, disparar as emoções da mesma forma, encadeando pensamentos e emoções, autoemocionando-se, excitando-se com pensamentos e ideias na presença dele, e ir se preparando para extravasar essa energia romântica que poderá explodir de forma orgástica para o casal.

> Aceitar + Cuidar + Romantizar - Controlar = Ótima relação

A famosa DR

Para seguir com um relacionamento duradouro e gratificante, é preciso entender suas próprias emoções, ter autoconhecimento. Inevitavelmente, isso cai na famosa DR, ou seja, discutir a relação. Quando você está namorando, quando é noiva ou casada, sempre vai querer discutir a relação. DR pode ser algo muito positivo, mas pode ser muito desgastante. Como fazer com que uma DR seja positiva? Antes de tudo, veja se a DR é mesmo necessária, se você não consegue solucionar seu caso com o senhor místico (aquele homem com quem você fala mas que não está presente fisicamente, mas ouve). O homem ouve porque você está conectada com ele; e se for assim, ele escutará tudo o que você falar. Antes de iniciar uma DR, use a técnica do banho que eu descrevi um pouco antes. Se isso não resolver, parta para uma DR real bem consciente.

Na DR, esteja sempre lindíssima, belíssima, sensual, superarrumada e maquiada. Não apareça na DR com cara de bruxa. Durante a DR, tenha a voz baixa, calma e lenta; nunca se exalte. Aprenda a falar de emoções. Isso é megaimportante. Não vejo um casamento dar certo sem isso. Por exemplo: se ele não chegou em casa, e você estava esperando, você liga no celular e nada. Você fica então esperando e vive momentos de extrema angústia e nervosismo. Aí ele chega. Você vai em cima dele com todas as pedras na mão, acertei? O melhor seria você abraçá-lo carinhosamente, e com cuidado e dizer: *"Ainda bem que você vivo!"*. Não entre na DR naquele momento de cabeça quente. Quem está nervoso não está consciente. Não é uma boa hora. Vá dormir, se acalme. Passadas 24 horas do ocorrido, peça um momento a ele para a DR, e diga que quer conversar a respeito de ontem, de como se sentiu na sua ausência dele.

Quando começar a DR, diga: *"Ontem, você não chegava e a angústia dentro de mim ia aumentando. Eu fui ficando nervosa e preocupada. Durante essas horas que você não chegava, comi muito, fiquei nervosa, não conseguia me acalmar, o coração disparado e a mente turbulenta, cheia de pensamentos negativos, um tormento. Parecia um inferno interno, fiquei péssima. Entrei num estado lastimável, de nervoso e estresse emocional. Depois, comecei ter novos pensamentos e* senti raiva, muita raiva. Comecei até a sentir ódio, foi horrível. Não gostaria de estar assim novamente. Percebi como estou conectada com você e habituada a saber onde você está a cada momento. Gostaria de saber como você se sentiu". Veja a importância de você expressar apenas seus sentimentos, e não culpá-lo, não tirar nada do que você sentiu, e nem dizer coisas e acusá-lo de estar com outra, etc. Não traga nada velho da relação e coloque no momento em que acontecer. Isso é importantíssimo para manter o relacionamento sempre.

Ser cúmplice

Quando seu companheiro estiver na sua onda amorosa, você deverá colocá-lo sob seu zelo e empurrá-lo para a luta ao mesmo tempo, ou seja, incentivar o homem a trabalhar, a lutar, a se desenvolver, a se relacionar. Elogie-o. Porém, sempre pergunte como ele está e se precisa de alguma coisa. Mostre que você está ali para o que der e vier. Relações precisam de cumplicidade e de segurança. Preste atenção para que o zelo não deixe o homem frágil, impotente, sem hombridade. Encoraje-o em direção às decisões e invista no corpo emocional dele, caminhe ao seu lado. Para caminhar ao lado do homem é preciso entender suas qualidades. Caminhar ao lado significa mudar o passo. Se você está caminhando sozinha, você tem um ritmo. Se vai caminhar junto com alguém, terá outro ritmo. Você vai ter de acertar o passo. Não existe uma relação em que você possa ser feliz em que não haja nenhum tipo de adaptação. Na agência *A2 Encontros*, temos pavor de mulheres que chegam e dizem: *"Quero um homem que me ame exatamente como eu sou. Não quero mudar nada"*. Aaafffee!!! Socorro!!! Esse homem não existe, amiga!!! Sinto muito informá-la! E também não existe mulher que não exija nenhuma mudança no homem. A relação é uma adaptação do passo do casal, e isso deve acontecer durante o período em que a sexualidade está em alta, porque assim não existe o sabor amargo. Brinque com isso, já que sabe que é inevitável.

Não feche a porta

Outro dia, fiz um atendimento a uma moça que esteve no meu curso "Só para Mulheres". Ela voltou do curso com a feminilidade revelada e a energia radiante e, por isso, teve bilhares de oportunidades de conhecer homens interessantes. Começou a atrair loucamente muitos pretendentes. Adorou, é lógico. Porém, ela não soube continuar a roda de atração num círculo virtuoso. Ao contrário, entrou em um círculo vicioso, e começou a atrair e a desrespeitar os rapazes, e magoou muitos. Um, inclusive, revelou a ela uma grande fragilidade e propôs um relacionamento de bastante profundidade, e ela disse a ele que não poderia estar ao lado dele sabendo que ele tinha aquele tipo de problema (ele era um ex-viciado em drogas). Ela se afastou dele dizendo que não poderia suportar saber que ele tinha um dia consumido drogas. Essa história mostra um ponto importante: não precisamos entrar no mérito da questão, se a moça deveria ou não ficar com o moço. Isso, afinal, é decisão dela. Porém, o que é fundamental é como dispensar. O que ela fez não deve acontecer! É dando que se recebe, lembra-se? Se você está dando baixa estima, impotência e raiva para os homens, certamente é o que irá receber. Você não é obrigada a aceitar todos os pedidos de namoro, mas não tem o direito de deixar ninguém para baixo por gostar de você (você já deve ter gostado de alguém que não dava a mínima para você, e é isso é horrível, não é?). Para ser consciente e passar a cultivar relacionamentos de alto nível, a grande lição é: se você foi a porta do amor para alguém, fique feliz, e se regozije com isso. Se conseguir lançar três pessoas em direção ao amor, com certeza também encontrará o seu. Então, nunca feche a porta de ninguém, consiga que essa pessoa transfira o amor dela para outra mulher. Isso é importante. *"Tu te tornas eternamente responsável por aquilo que cativas"*, lembra do Pequeno Príncipe? Seja responsável por criar e cultivar amor, essa é a função nobre do ser humano.

A hora certa de transar

Esta é uma questão muito frequente: qual a hora certa de transar? A resposta é simples e fácil, bem fácil: *transe quando tiver a certeza de que há amor*. Isso se você quiser que algo role no dia seguinte, ok? Nesse caso, você deve esperar até que a energia atinja um estado amoroso gostoso, afetuoso. Isso pode acontecer no primeiro dia ou no vigésimo dia, não há uma regra. Mas é papel seu, da mulher, fazer essa energia subir do sexo animal para o afetuoso. Perceba se há admiração. Quando há amor, há admiração e cuidado. O ritmo ideal para as pessoas se conhecerem não combina com a rapidez das baladas dos solteiros. Por isso, digo para as pessoas escolherem bem os lugares que vão frequentar. Na balada, muitos estão com uma pessoa, pensando se ela é o máximo que poderia ter ou se é a amiga dela beija melhor. Geralmente, a balada tem esse caráter descartável. São os relacionamentos *fast food*. Portanto, se você quer criar uma rede de contatos para possível relacionamento, opte por lugares e posturas que vão de acordo com o "público" de interesse.

Quanto tempo namorar?

O namoro precisa de gás antes de partir para um casamento. É como um foguete que precisa entrar em órbita. O combustível é necessário no começo da viagem; portanto, não espere muito, senão a energia acaba. É preciso que ambos estejam apaixonados, em alta com planos de fazer família. Em média, um bom tempo para se namorar é de um a três anos, no máximo, tempo suficiente para perceber se o escolhido preenche seus requisitos e, também, para organizar o casamento. Hoje em dia, as relações pré-casamento já são de cama, mesa e banho. Esperar muito tempo pode desandar, e a energia não será suficiente para ativar a sinergia de casal que o casamento exige, ainda mais nos primeiros anos de adaptação da dupla.

Deslizes

Uma vez atendi um cliente na agência que disse que não tolerava mais sair com *mulher lagartixa*. Perguntei o que era isso, e ele contou que levou uma moça para jantar em um restaurante chiquérrimo em São Paulo e, para seu espanto, quando ela derrubou o garfo no chão, abaixou-se e arrastou-se para debaixo da mesa para pegar. Ai, ai, ai! Onde estão os modos, menina?! Subir na vida financeira e profissionalmente não basta! É necessário ter etiqueta social. Depois dessa, ele disse ainda que saiu com outra mulher que também não aprovou. Dessa vez era a *mulher das cavernas*. Ele disse que, também no restaurante, ela pegou o garfo com tanta fúria, com a mão fechada, e, sem nenhuma classe e com etiqueta zero enfiou com tudo na carne. Aí ele disse a ela: *"Calma! O animal já está morto! Pode guardar seu instinto de caçadora".* Fui ouvindo o cliente falar das derrapadas das moças, e chegou a hora de falar com elas. Affe!!! É uma baita saia-justa apontar para as pessoas seus deslizes e falar de seus defeitos! As pessoas ficam chateadas e, muitas vezes, invertem o processo do aconselhamento e ficam se sentindo excluídas ou se tornam agressivas. É um ponto muito delicado dar aconselhamento para pessoas com condição financeira elevada, pois sempre acham que estão corretas, e o outro, errado. Muitos se revoltam quando apontamos suas falhas de comportamento.

Sexo para casar

No Brasil, os homens só se casam quando a relação sexual é inesquecível. Fizemos uma pesquisa na *A2 Encontros* com 300 casais unidos por nosso sistema. Os homens foram unânimes em apontar que se casaram com determinada parceira porque, desde o início, o romance era fantástico e a relação sexual, superafinada. Atenção, amiga! Não acredite que o sexo vai melhorar depois de algum tempo que estão juntos. Se o sexo não rola bem desde o início, não acredite que melhorará depois com o treino. Quando a liga não rola de cara, a tendência é piorar.

Criatividade

É importante entender que, para levar uma relação até a estabilidade, como o casamento, por exemplo, é preciso ter a energia criativa desenvolvida. Isso significa que é necessário criar um jeito, um modo de viver um mundo pessoal que só você tem. Por exemplo: um dia você coloca a mesa na varanda para jantar com ele, no outro dia dança música árabe para ele, no outro sugere um jantar em um lugar exótico que só você conhece, etc. Nessa fase de querer "ser pedida em casamento" é preciso criar um mundo só seu e dele, um mundo particular diferente, novo. Hoje você está de *baby-doll* super sexy, amanhã está de garota adolescente com camisolinha curta, outro dia está tocando flauta com roupa indiana, outra hora está meio gueixa... e assim vai se mostrando única, divertida, criativa, inventando moda. Ele tem de perceber que apenas com você ele terá uma vida diferente e fascinante, porque você é diferente. Portanto, para casar, a energia requerida é a criativa. A criatividade cria seu estilo único, você é única, e ele não pode perdê-la, porque, assim como você, não há nenhuma outra no mundo. A vida interessante que estará vivendo ao seu lado só ocorrerá com você.

Namoridos (namorados + maridos)

Esse é um comportamento afetivo bastante atual. É a versão ultramoderna das relações conjugais. Ao longo dos anos, foram alteradas as expectativas das mulheres e dos homens em relação ao casamento. Antes, o casamento tradicional "de papel passado" segurava a relação, mas não garantia sua qualidade. Hoje, as relações passaram por uma atualização. Em 1996, por exemplo, 93% das mulheres que ingressavam no sistema de busca de um parceiro na *A2 Encontros* optavam por "casamento". Atualmente, 78% optam por um relacionamento estável, mas não necessariamente casamento no papel, ou seja, *namoridos, casais que vivem juntos sem o casamento oficial.* O homem, quando se apaixona e namora, na maioria das vezes deixa nas mãos da mulher as rédeas da relação. Atualmente, para elas, o casamento informal tem sido uma excelente opção, e eles vão na delas. A grande mudança no comportamento é que o homem jovem ainda tem o sonho do casamento, alem de sua vida corriqueira profissional. No caso das mulheres jovens, o primeiro sonho é uma boa colocação profissional, e é nisso que elas focam.

Observamos no sistema de cadastros da *A2 Encontros* que, até os 30 anos, o número de rapazes que opta pela opção de casar é de 58% contra 38% das mulheres na mesma faixa etária. Isso mostra que os homens, historicamente, unem a profissão e o casamento, e as mulheres atuais estão com dificuldade nesse quesito. As mulheres apenas se dão conta de que querem um grande amor depois de estar bem-sucedidas profissionalmente. Em minha opinião, isso é um erro, já que as mulheres têm prazo de validade para a maternidade, por exemplo. Certamente você conhece um casal que namora há uns cinco anos e que resolve juntar as escovas de dente e morar juntos. O homem quer casa desde que sai da casa da mamãe, o homem quer um ninho; se a mulher propõe isso a ele morando junto antes de casar, mesmo que seja a vontade dos dois, o casamento oficial dificilmente acontecerá. Os dois se acomodam, nesse caso, principalmente, o homem. Daí o casamento não rola. O que sugiro, nesse caso, é que antes de morar junto seja feito algum tipo de ritual para oficializar a mudança da condição da relação. Não precisa ser na igreja, nem no cartório; pode ser uma festa para os íntimos do casal, apenas para registrar internamente a mudança de fase e de postura de um com o outro. Dessa forma, a relação entre o casal ficará mais forte e estável, mais estruturada para enfrentar as questões do dia a dia, e não será qualquer briguinha que vai fazer o outro juntar as malas e passar alguns dias fora de casa (se bem que, em alguns casos, essa é uma ótima solução). Sugiro que haja um ritual de passagem de um estado civil para o outro. Os rituais são marcantes e trazem uma consciência do momento presente, além de grande força em momento difíceis da relação. Eles ficam eternizados.

Namoridos não casam

Tenho notado que quando as pessoas moram juntas (namoridos), fica bem mais difícil se casar oficialmente depois. Nesse caso, se você quiser se casar de fato, é preciso que a experiência de morar junto tenha um prazo de validade previamente combinado entre vocês. Exemplo: um tempo de seis meses para avaliar a experiência; depois desse tempo, o casal deve se sentar para analisar a experiência. Então, nessa ocasião, vocês podem marcar o casamento ou se separar. Depois desse tempo, se ele não se decidir, tome você mesmo a decisão. Tenha coragem e saia da casa, deixe-o sozinho para pensar. Faça cumprir o acordo. Se o cara entra e sai da sua casa na hora em que quer, dorme quando quer e, ainda por cima, nem a ajuda com as finanças, a situação piora ainda mais. Por que ele irá casar? Já tem tudo ofertado facilmente e sem responsabilidade, certamente não vai se mexer. Portanto, faça jogo duro, amiga. Aconselho as mulheres que moram sozinhas a não facilitarem muito a situação do homem durante o namoro. Não se pode deixar o rapaz dormir todos os dias no seu apê (um dia ou outro tudo bem), mas faça-o ir embora depois do filme ou da transa. Assim, você cultivará mais a vontade de ficarem juntos e de construírem um ninho de vocês dois. Os dois devem nutrir a vontade e empreender esforços para ficar mais tempo juntos. Lembre-se de que ele vai ter de batalhar por isso também; se tudo ficar muito fácil, não há pelo que batalhar.

Independente, mas nem tanto

Atualmente, as mulheres independentes não são como os homens independentes, que não se importam em sustentar a parceira. As mulheres ganham dinheiro e querem um homem que ganhe também.

Homens de faixa de renda alta, em sua maioria, não se importam em sustentar a mulher, e até gostam, em alguns casos. Aconselho as mulheres de renda alta a serem generosas, assim como os homens. Já que decidiram ser revolucionárias, invertam o jogo! Por que não? Mas, quando você estiver acompanhada, deixe que as situações que exijam iniciativa, decisão e poder sejam administradas pelo homem, para que ele mostre sua virilidade e potência. Deixe-o no comando, e, com seu jeito flexível, vá contornando a situação e demonstrando sua opinião. Esse é o caminho. Além do que, deixar o homem sair na frente significa proteção para você, perceba isso. Se ele estiver olhando para a frente, você poderá perceber todo o movimento lateral, coisa que ele não tem habilidade para ver. O homem é diretivo, tem foco, e faz uma coisa de cada vez, mas a mulher é gerencial, tem visão lateral. Ambos se completam! Deixe essa complementaridade acontecer. Está em suas mãos!

História da vida real

Houve na agência uma moça que conhecia vários rapazes e, depois de pouco tempo, todos davam no pé. Conversando com alguns pretendentes dela, acabei descobrindo que ela convidava os rapazes, logo no primeiro encontro, para colocar o carro na garagem do prédio. Isso tudo porque ela tinha medo de que o camarada fosse assaltado, pois isso já tinha ocorrido com um grande amor dela, e ela tinha ficado culpada com a situação. Eles entendiam que ela pedia para colocar o carro na garagem porque já tinha outras intenções, e partiam para o ataque sexual. Iam para cima da moça logo de cara, afinal, era isso que eles entendiam com a mensagem do carro na garagem. Eles namoravam um pouquinho, para disfarçar, mas pensar em casar, nada.

Homens precisam casar

Os homens precisam casar, acredite. Os homens têm o ninho que é a cara da mulher, é ela quem faz o ninho, e os homens têm na mulher a imagem de sua casa. Os homens, enquanto não casam, raramente acumulam riqueza e conseguem ter paz e calma. E mais: os homens casam para ficar em casa, enquanto as mulheres querem casar para ter com quem sair. Pode reparar nisso. Inclusive, tem muita mulher com idade acima de 50 anos querendo homens superativos e dispostos para terem companhia para sair e dançar. Difícil isso, hein? (Homens mais velhos que curtam sair a noite para dançar... difícil!). Cá entre nós: é melhor entender que homem com esse tipo de programa instalado ainda não existe, ou melhor, existem algumas exceções que comprovam a regra. Poucos são os pés de valsa; a maioria sai e dança porque as mulheres querem e ainda existe amor. Quer uma solução mais fácil para as casadas? Gosta de dançar e seu marido não? Frequente uma aula de dança de salão e se esbalde.

Acertando os ponteiros

O ato de dançar faz bem para a saúde do corpo, da mente, das emoções e da relação. A dança é romantismo puro, e utilizar-se dela, de forma terapêutica, para acertar os passos do casal, é uma ótima escolha. Acerta na pista e acaba acertando na cama. Outra forma de acertar os ritmos é durante as refeições. Almoçar e jantar juntos é um ótimo ritual familiar de união do casal. Se vocês estiverem juntos durante as refeições, é muito bom. Vocês podem refazer as feições (re-feições) juntos, ou seja, jantar ou almoçar juntos. Uma prática bastante interessante é comer juntos de forma afinada para realmente refazer as feições. Sentada à mesa frente a frente com ele, comece o seu ritual familiar, comendo juntos, no mesmo ritmo. Como é você quem sabe sobre a importância do ritual, altere seu ritmo para acompanhá-lo. Tente realmente comer junto com ele, beber junto com ele. Perceba como ele corta o alimento, como ele coloca no garfo, como leva a boca, como mastiga, se faz pausas entre uma garfada e outra, e faça igual. Repita o procedimento em algumas refeições e perceberá que estarão mais afinados não só na mesa, mas na cama também.

Relações entre gerações

É fato que se relacionar com pessoas da mesma faixa etária garante maior reciprocidade entre os sonhos e os anseios para o futuro do casal. Por exemplo: quando homens e mulheres da mesma faixa etária costumam ter perspectivas semelhantes quanto a ter filhos, objetivos financeiros, de vida, sociais e ainda planos em comum. É verdade, também, que casais com mesma faixa etária (ou com uma diferença de até seis anos) são extremamente competitivos entre si. É como uma relação entre irmãos: o tempo todo competem para ver quem dá a última palavra, quem decide o restaurante, quem fica com o controle remoto, quem decide o programa de final de semana, e por aí vai. A grande diferença dos casais de faixas etárias diferentes é a cooperação. Parceiros de idades e gerações diferentes dificilmente disputam, e são mais cooperativos. Percebo na agência que os homens da faixa etária dos 40 aos 60 anos preferem moças mais jovens para o segundo casamento. Os homens cooperam com os estudos da moça, cooperam com os afazeres dela, e são cooperativos na construção do relacionamento. Quando as mulheres são mais velhas na relação, também cooperam com os sonhos dos rapazes, ajudam para que o outro se realize, cooperam com ele no que for necessário. Quando há cooperação, o casal é mais afinado. Costumo dizer para todos os casais, independentemente das idades, que enquanto houver amor, atração e um bom papo, o casamento continua.

Duração dos casamentos

Dados do IBGE mostram que os casamentos no Brasil duram em média dez anos. Por que tão pouco? Bem, depois de sete anos, a convivência sexual do casal começa a cair, e se a dupla não reinventar o cardápio sexual, o negócio não evolui, e isso é, sem dúvida, um importante fator que tem acarretado os gigantescos índices de separação. Casamento e sexo são como as empresas: é preciso atualização permanente para permanecer em alta. O que acontece é que a conduta e a forma de conduzir o casamento ficam ultrapassadas, e as pessoas só vão se dar conta disso quando não conseguem nem mais olhar para a cara do companheiro. É preciso perceber que, ao longo dos anos, as pessoas mudam individualmente, e a relação precisa acompanhar as mudanças de cada um.

Novos contratos de casamento

É importante perceber que, atualmente, existem muitos novos acordos de casamento. Não pense que vai ajudar sua vizinha dizendo que o marido dela estava jantando com outra no motel, porque você é que pode se dar mal. Pode haver ali uma relação de *poliamorismo*, ou seja, os dois aceitam que seu parceiro tenha relações com outras pessoas. Você não sabia? Isso já existe por aqui. Nem todos os seres humanos encarnados neste planeta agora entendem que ser fiel é não ter contato físico com outro ser. Muitos entendem que infiel é o que se enamora, se apaixona por outro ser, mesmo sem se relacionar fisicamente. Tem gente que não aceita que seu cônjuge tenha afinidades mentais, intelectuais, hobbies com outra pessoa fora do casamento. Há pessoas que nem aceitam amigos do parceiro de outro sexo, pois acham que, se juntar um homem e uma mulher, vai haver sexo. Por outro lado, existem casais livres para dançar a vida, cada um da sua forma, respeitando a missão e a individualidade do outro.

História da vida real

Atendi um casal em terapia que estava casado havia 28 anos. Ela havia feito uma cirurgia para queda de períneo, e era como se ela tivesse ficado virgem novamente. A cirurgia fecha tudo "embaixo", o que acaba dificultando, muitas vezes, a fluidez do contato sexual. E foi isso o que aconteceu: a moça ficou superfechada depois da operação, e, com medo de se machucar durante o sexo, passou a evitar o marido. Estava na maior crise, se achando um lixo, se sentindo mal, pois acreditava que sua sexualidade e libido tinham desaparecido. Foi quando conheceu um homem na oficina mecânica. Olhou para o cara e o cumprimentou com bastante entusiasmo, enquanto esperava seu orçamento. De repente, o cara se aproximou e disse: *"Por que você me cumprimentou?"* Ela respondeu: *"Ora, porque você é o pai da amiga de meu filho"*. Ele disse: *"Não sou"*. *"Puxa, então me desculpe, achei que já o conhecia, você tem um rosto familiar"*. Foi então que ele disse que também tinha tido essa impressão, e que essa sensação era muito boa. E o negócio foi ficando sério. E realmente acabou ficando muito sério e sexual. Acabaram no motel. E ambos descobriram que estavam em crise conjugal-sexual. Depois de transarem, ele confessou que tinha pensado que estava brocha, porque andava sem tesão pela mulher, e ela idem. Ela contou o mesmo caso, pois já estava sem transar com o marido fazia alguns meses... Eles tiveram um curto *affair* e recuperaram e retomaram a sexualidade ativa com seus cônjuges.

Ela chegava às sessões de terapia aliviada e culpada ao mesmo tempo. Expliquei que ela desejava tanto retomar sua sexualidade que teve seu desejo realizado. Ainda bem que ela agarrou sua oportunidade de cura. Disse para ela ficar com essa imagem do acontecido. Foi assim que ela retomou a vida com o marido de forma nova e diferente. Não são poucas as vezes em que um caso extraconjugal salva um casamento. (Mas atenção amigas: essa não é uma receita para problemas conjugais!!! Não indico e nem condeno, e, apesar de ser algo que acontece até que frequentemente, esse foi apenas um caso, ocorrido neste exemplo!) O que percebo com muita clareza é que existem pessoas que se casam por vários motivos, e sempre uma pensa que seu motivo é igual ao do parceiro, mas já descobrimos em nossas pesquisas que isso não é verdade. Muitas pessoas se casam por afinidade sexual, outras por companhia, por segurança financeira, por amor e necessidade de carinho, outras por vontade de ter uma vida familiar e filhos, e outras ainda por motivos religiosos.

Mais mulheres no planeta

A natureza faz nascer o mesmo número de homens e de mulheres. Na primeira infância, morrem mais bebês meninos do que meninas, pois as meninas resistem mais às doenças infantis. Depois, na adolescência, mais meninos sofrem acidentes em esportes perigosos, e depois eles morrem mais de infartos e em acidentes de carros. Isso gera um saldo negativo de homens no mercado. Na faixa etária dos 60 anos, a diferença entre o número de homens e de mulheres chega a ser gritante. Segundo dados do IBGE, o aumento da proporção de mulheres em relação a homens é uma tendência demográfica no Brasil, ou seja, a cada nova pesquisa, os resultados mostram que a população feminina tem aumentado cada vez mais em relação à masculina.

Para se ter uma ideia, nas regiões metropolitanas do sul e sudeste, há uma relação homem/mulher mais equilibrada, de aproximadamente 92 homens para cada 100 mulheres. Já nas cidades nordestinas e do norte do país, esses números variam, chegando de 86 a 88,5 homens para cada 100 mulheres. O que as mulheres podem fazer? Relacionar-se com homens mais jovens é uma ideia, mas não aceita por muitas ainda. Outra ideia (a mais comum) é ficar de olho no mercado, esperando e percebendo as pessoas que estão à sua volta. Outra opção (bem contemporânea) é entrar numa agência de relacionamentos. Outra ideia ainda é focar na vida social, relacionar-se com muitos grupos e desencanar do casamento. As mulheres vivem bem com esta última opção. Os homens precisam de uma companheira estável para ter alegria de viver. É aquilo que já falei: o homem precisa casar.

O que está na sua mente

Você sabe quando tem um relacionamento de grande força. Quando está na dúvida é porque não está rolando. Osho, um grande mestre, conta uma história fantástica em um de seus livros:

> Existia um casal de estátuas num parque europeu que estava ali se olhando, enamorado, sem nunca ter se tocado, desde o século X. Certo dia, chegou um mago na cidade e viu aquele parque lotado e as estátuas se olhando e quase se tocando, porém petrificadas. Ele disse que poderia dar vida ao casal por apenas uma hora. Foi um furor! A cidade toda foi ver o acontecimento. Depois de um passe de mágica, o casal de ferro ganhou vida e, depois de se olhar com os olhos bem abertos, saíram correndo em direção ao mato. A cidade toda via as árvores tremerem. Um indivíduo curioso resolveu es-

piar o que acontecia naquele mato, e viu a seguinte cena: ele estava segurando uma pomba em suas mãos com força e passando-a para a mão dela e dizendo: "Segure bem firme, é sua vez de fazer cocô nela". Todos imaginavam que o casal estaria louco para transar, mas, na verdade, o que eles queriam era se vingar das pombas que os atormentavam havia séculos.

Como é a mente das pessoas!! É exatamente essa a questão. O importante sobre casamento é entender que imaginamos muitas vezes que os casais casados têm uma vida sexual mirabolante, ótima e superativa; porém, o que acontece na maioria das vezes, é que ele estão "cagando" juntos, e de porta aberta, viu?! Ahahahaha!!!

Casamentos que dão certo

Percebo que hoje existem muitos tipos de casamentos maravilhosos. Uns mantêm a fórmula do passado, e outros já estão atualizados. O mais importante é que o seu tenha a sua cara. Que cara-ter? Caráter. O caráter é individual, a cara é individual. Percebo que, nos tempos atuais, os casamentos só dão certo quando o casal se relaciona de forma aberta e livre, podendo entrar numa DR sem culpas, dar sua opinião com facilidade, sem medos, e confiantes de estar juntos na jornada da vida. Inclusive, noto que para o casamento andar é preciso nutrir o nível de crescimento mútuo. Do contrário, o negócio poderá desandar. O casamento deve abrir a energia e a vida dos dois. O objetivo central deve ser o crescimento mútuo e a possibilidade de realizar sua missão individual, estando cúmplices e juntos. Tenho uma amiga que não tem ciúmes do marido, e outra que tem muito. A que não tem vive muito mais feliz. Aí, você pode pensar: mas ela é chifruda. Não sei. Percebo que quem solta acaba tendo uma relação de confiança e abertura maior do que quem é desconfiado e prende o outro. Será que quem é desconfiado é assim porque apronta? Talvez. Acredito na felicidade, na feliz-idade. Você está tendo uma feliz-idade neste momento?

História da vida real

Há um curso que damos, chamado "Deusas", cujo foco é o resgate da essência feminina. Havia uma moça que, quando chegou ao curso, era masculina e desconfiada. Usava o cabelo preso, olhava de soslaio e parecia estar ali obrigada. Sua aparência dizia: *"Que chato, um curso só de mulheres e eu estou procurando um homem!"* Sentou-se lá atrás com sua caixa de maquiagem diante dela. Uma caixa bem pequena e fria, metalizada, *high tech*. Começamos a aula como sempre, e ela foi se interessando, e, pouco a pouco, foi se abrindo, relaxando seu corpo e começando a perguntar sobre suas dúvidas. Chegou ao fim dessa aula bem interessada, e nas próximas quatro aulas, foi a primeira a chegar. Foi frequentando os workshops e, um belo dia, deu seu depoimento:

> "Eu me cadastrei na *A2 Encontros* e estava no cadastro sendo rejeitada por vários rapazes que eu escolhia, achava que não tinha sorte. Um dia, cheguei à agência para reclamar, e a gerente da unidade me contou sobre o curso de deusas e disse que era indicado para mim. Aceitei, apesar de não ter gostado. Porém, depois que fui percebendo a vibração em que eu vivia, fui me abrindo, me modificando e ouvindo elogios que anteriormente não escutava. Até meu pai chegou a me dizer: *'Filha, ainda bem que você mudou. No passado, quando saíamos juntos, eu me sentia como se estivesse acompanhado por um rapaz, um filho homem. Era muito estranho'*. Mais estranho que ouvir aquilo de meu pai foi notar como eu estava.
>
> Estava assim e ninguém me falava, e eu não percebia. No trabalho, sempre fui ultracompetente, e lá eu era elogiada, bastante elogiada por minha competência e organização. Foi assim que eu fui ficando lá cada dia mais, pois era um lugar confortável para mim, e minha vida tinha se tornado o trabalho. Depois de ter feito o "Deusas", comecei a perceber que os homens me viam na rua e mexiam comigo. Eu nunca mais tinha ouvido nada assim na rua. Notei que eu estava

invisível e agora tinha me tornado visível de novo. Um dia, fui chamada de deusa na padaria por um cavalheiro que queria me ajudar com as compras até o carro. Isso foi o máximo, parecia sonho. Comecei a me sentir viva e feliz; afinal, o amor tinha começado a acontecer de novo, o amor próprio. Já me ocupava das roupas separadas para o dia seguinte, adornos, maquiagem, uma diferença muito grande das vestimentas anteriores, antes de ter esse conhecimento. Também na *A2 Encontros* minha vida mudou; os homens começaram a me escolher nas seleções de candidatas, conheci candidatos interessantes. Conheci alguns na rua, no trânsito, na padaria e na *A2 Encontros*. Essa onda amorosa que foi criada com o curso "Deusas" me trouxe uma nova vida, muito mais prazerosa que antes.

Recebi da agência uma seleção de candidatos, e vi um loiro de olhos verdes, bem interessante. Disse sim para ele, e ele me aceitou. Quando nos encontramos, foi muito forte, logo nos apaixonamos. Eu também sabia como mostrar interesse, ser uma mulher atraente sem ser vulgar, e despertar nele o caçador. Percebi que todo o ensinamento que eu recebi estava sendo colocado em prática e dando certo; era emocionante. Começamos a namorar, e fomos ao workshop "Cara Metade" juntos. Essa decisão fez toda a diferença, pois começamos um relacionamento aprofundado, como almas gêmeas. Nos casamos na igreja e tudo, meu pai chorava ao me ver tão feminina e bela. Realmente, meu rosto parece que mudou, estava muito agressivo e forte e agora parece doce e delicado. Parece incrível que uma moça pequena e baixinha, com traços árabes e mais grosseiros tenha se tornado a esposa de um loirão grandão de olhos verdes. Meu marido é lindo e apaixonado. Minha vida sexual esta ótima, tão ótima que estou grávida de quatro meses. Desejo que essa sabedoria alcance todas as mulheres do planeta!"

CAPÍTULO 4

A nova mulher

A nova mulher é aquela que une os dois mundos: é bem-sucedida na vida profissional, vive com independência, é superpoderosa e também é feliz no amor e nos relacionamentos. Une harmonicamente suas características essencialmente femininas, e também as que a fazem ativa no mundo que antes era só dos homens. Mas, para isso acontecer, é preciso que a mulher conheça o amor tal como conhece seu mercado de trabalho, e tenha um planejamento de carreira tal como tem em sua profissão; além disso, é preciso ter preparação *(pré-parar-ação)* emocional e ir treinando com as relações. Da mesma maneira que ninguém passa de estagiário a presidente de uma empresa sem antes passar por todos os estágios hierárquicos da instituição, ninguém sai de anos de "ficantes-peguetes" e entra com sucesso em um relacionamento de casamento. É necessário entender que é preciso ir melhorando como ser humano gradativamente, aprendendo a criar vínculos e entendendo cada vez mais sobre as relações. Você deve estar se perguntado: qual o caminho desse aprendizado?

O caminho para o sucesso nas relações esteve por décadas nas mãos das mulheres e poderá voltar para elas. Depende de sua vontade e empenho. Empenhar-se requer tempo. O que no passado era captado na família e era quase intuitivo, atualmente requer aprendizado, já que hoje as mulheres são criadas para o mundo mental e econômico, e não para o mundo emocional e relacional. Mais do que nunca, precisam do autoconhecimento para poder acender a chama dos bons relacionamentos afetivos. Por intermédio dele, as mulheres podem resgatar sua origem matriarcal feminina em um passe de mágica.

Percebo claramente isso em meu workshop só para mulheres. É incrível quantas mulheres despertam sua beleza, suas capacidades latentes e se "recordam" do conhecimento feminino. Maravilhosas aberturas ocorrem quando elas são corretamente orientadas. Finalizamos o curso com mulheres atraentes, orgásticas, realizadas e felizes com suas ingrediências femininas, prontas para serem utilizadas com segurança e êxito. Costumo dizer que as mulheres nasceram com um ferramental superior ao do homem, pois têm maior complexidade biológica, têm útero e ovários, por exemplo, coisas que os homens não têm. Se comparássemos o corpo feminino a uma caixa de ferramentas, perceberíamos que as mulheres têm maior número de ferramentas que os homens. Portanto, podem e devem utilizar todos os seus instrumentos para viver de forma inteira e feliz em todos os seus papéis (os que foram "denominados" masculinos e femininos). Devem transitar e alternar, com maestria, por todos os papéis sociais usando sua racionalidade em igualdade com seu instinto.

Para isso começar, é preciso arrumar sua "caixa de ferramentas", que foi bagunçada pelo nascimento da nova sociedade e das mulheres mentais e, ainda, aprender a usar o vasto ferramental que possuem, sabendo quando usar cada ferramenta e como ajustá-la para cada situação. O objetivo desse novo caminhar é poder transitar pelas sutilezas do amor com a mesma capacidade que fazem um bom negócio. Como cupido e terapeuta, tenho colaborado no "despertar" de novos seres para relações mais completas, inteiras e sutis. Colaboro com a nova-mulher-superpoderosa no resgate de seu potencial feminino completo. Um potencial renovado, que contém os ingredientes femininos e masculinos da atualidade.

As características genuinamente femininas são possibilidade de atração (paquerar), de emoção e de criação. A dica é recordar suas células dessas características femininas. As mulheres já têm essa memória ancestral, cravada em si; só precisam, acordá-la e equilibrá-la com as características masculinas que adquiriram, ou seja, força, poder e inteligência. Dessa maneira, as mulheres serão inteiras, e não mais metades da laranja. Serão pessoas inteiras, plenas e íntegras. E totalmente preparadas para um relacionamento feliz a dois.

CAPÍTULO 5

A união do feminino com o masculino

Como é prazerosa e deliciosa a união das polaridades opostas! Quando a gente se depara com alguém por quem sentimos atração física, o coração dispara, falta o ar, o riso vem, as mãos suam. Noossaa, que orgástico! Altas emoções para quem consegue vivê-las. Porém, para quem não consegue (ou não se permite) viver a vida de forma prazerosa e orgástica, faço aqui um convite para essa possibilidade mágica. Saboreie-a! Somente por intermédio da vivência e da experimentação poderemos saborear nosso saber e nos tornarmos sábios sobre nossas próprias vidas. O conhecimento não colocado em prática atrofia as sensações, torna a vida teórica e sem sabores. Então, que venham os sabores! Que venham os saberes! Que venham os prazeres!

Homem e mulher: unidos para crescer

Se você está casado ou tem uma pessoa com quem vive, pode começar percebendo que os dois nasceram separados, em famílias diferentes, e, ainda assim, quiseram se ligar de forma mais profunda e estabelecer um elo. Esse elo tem de ser para o crescimento mútuo. Depois de casado, é preciso que cada um continue tendo sua missão pessoal, e, juntos, cada elemento do casal deve unir forças e colaborar com o outro para crescerem e atingirem os objetivos de vida. O que acontece com muuuuita frequência no casal é que um fica segurando o desenvolvimento do outro, por causa de sentimento de posse, ciúmes, castrações e inseguranças gerais. Quando a união do casal está focada no crescimento de ambos, ela se traduz em força e desenvolvimento para os dois. Porém, quando a união é de posse, ela acaba afogando um ou ambos. A ideia é que os dois estejam de mãos dadas, olhando juntos para o horizonte. Lado a lado e de frente para as descobertas do mundo, com seus objetivos individuais e comuns.

Quando a ideia for misturar-se ao outro, que seja um momento único, ritualizado, prazeroso, orgástico e sagrado. Aí sim, frente a frente, olhos nos olhos, coração com coração. Por que esse significado lúdico? Porque, quando estão apenas olhando um para o outro, muitas vezes estão competindo. É fato que um é o espelho do outro, sem dúvida. Porém, que esse espelho não seja de competição, e que seja sim de compartilhamento e amor, crescimento mútuo, observação e cumplicidade. Inclusive, é a única forma de crescer. Você já percebeu a diferença de desenvolvimento emocional de quem tem um relacionamento estável com quem não tem? É incrível! Ainda não encontramos uma forma melhor de desenvolvimento emocional do que a união familiar.

Tudo dentro de nós

Para vivermos com maior dignidade neste planeta, devemos estudar e ampliar nossa consciência. A era das metades já passou. Agora, temos de ser inteiros, temos de desenvolver nossas capacidades humanas por completo. Somos a cópia do universo, somos inteiros, somos o micro no macro, somos um uni-verso, um verso único, e devemos nos nutrir de todas as ingrediências da criação. Devemos ter dentro de nós toda sabedoria feminina e toda a sabedoria masculina, para, assim, estarmos mais próximos de Deus e da perfeição. Assim, teremos paz dentro e fora de nós. Dos eus? D´eus? Será que somos deuses?

A caminhada começa pelo desenvolvimento do amor que podemos ter por nós mesmos, por todos os nossos eus. Porque a busca pelo amor do outro, começa pelo amor em si. Para despertamos nosso amor próprio, devemos, inicialmente, conhecer e trabalhar arduamente no desenvolvimento da nossa essência. O primeiro passo é conhecer e potencializar suas características essenciais. Somente a partir do reconhecimento dessas potencialidades é que podemos dar início ao trabalho para o cultivo do amor do outro. Se não tivermos amor próprio, não encontraremos o amor do outro. Enxergamos o mundo com nossa condição interna (de vivências, emoções e pensamentos); se nossa percepção estiver incompleta e negativa, o mundo e o outro não nos aceitarão. Como posso dar amor se não tenho esse amor? Preciso ter grande amor por mim para poder amar o outro e ter uma visão amorosa de mundo. O amor se expandirá a partir de mim e, então, será emanado para os outros e para o mundo. O amor não é algo que vem ou aparece, ele é um cultivo interno para que ocorra de dentro para fora e para ficar em volta. Por isso, se você diz a uma pessoa que foi abandonado, largado e reclama bastante... quer espantar o amor? Será que consegue? Pode ser. O amor sem cultivo morre. E com a instabilidade dos tempos atuais, o amor morre muito mais rápido, está com a vida ameaçada. Mas tomara que o amor se alastre! Que assim seja!

O estado das nossas emoções interfere diretamente no estado de nosso parceiro. Se o homem, por exemplo, chega em casa bravo e estressado, a mulher pode piorar o estado dele e o convívio se retribuir com cara feia, com reclamações, estresse e agressividade. Se tiver contato com sua essência e se estiver em colaboração para o crescimento do outro, podem optar por recebê-lo de forma amorosa, acolhendo-o, fazendo cócegas, falando algo engraçado ou apimentado. Assim, não somente ele mudará o estado, como ambos ficarão mais leves e conectados. Ou, se ele chega alegre e feliz, e ela chega de cara feia, muito brava e nervosa, virada mesmo. Daí você vai me perguntar sobre o que fazer. Respondo: consciência de guerra. Se a guerra está no mundo, é porque a guerra está dentro de nós. A maioria das pessoas vive em guerra dentro de si e projeta esse conflito para fora. Com certeza, essas pessoas estão infelizes e, muitas vezes, sozinhas.

Minha receita para transformar a guerra em paz, o desamor em amor, a separação em união, é juntar o masculino e o feminino dentro de cada um. Isso mesmo! Já que o primeiro passo foi potencializar as essências, agora o passo é unir tudo dentro de si. Ué, mas dessa forma não precisaremos mais do outro? Sim, mudaremos. Não precisaremos do outro, mas iremos nos *relacionar com* o outro. É bem diferente. Precisar do outro é estar incompleto, sempre na dependência de algo externo para estar realizado e feliz. Essa história de não ter nenhuma forma de ganho de energia individual e estar sempre dependendo do outro, do mesmo ser humano em possessão, é difícil. É melhor estarmos inteiros. Para estarmos inteiros, precisamos aprender a perceber quando temos energia e como ganhamos e perdemos energia, e podemos ter o discernimento de nos encontrarmos apenas quando estivermos em bom estado. Se estivermos inteiros, teremos a real possibilidade de sentir prazer nos relacionando com o outro, e não dependendo dele. Essa é a missão do ser humano: sentir prazer! Só se pode sentir o verdadeiro prazer orgástico quando você se ama e se sente inteiro. Masculino e feminino unidos dentro de si, sentindo a energia completa da criação, a energia da vida.

Afffe, há pessoas sem energia que parecem que estão quase mortas, não é? Toda forma de melhorar a compreensão sobre si mesmo é bem-vinda. Existem terapias, grupos de meditação, yôga, escolas, academias, danças, pesca, workshops de autoconhecimento, grupos de estudo, espelhos de parede e o espelho que temos nos outros à nossa volta... Sua vida só mudará a partir de você mesmo. Observe-se de fato e se dê uma nota.

Recipientes limpos

Por que as pessoas, de modo geral, fogem de gente agressiva, que fala de forma grosseira e diz muitos palavrões? Porque por intermédio do verbo fica evidente que o recipiente está sujo, contaminado e com baixa energia. Tenho uma cliente muito bem-sucedida que quando me encontra sempre diz: *"O aprendizado mais importante que você me passou foi o ensinamento de não falar palavrões"*. Eu acredito, porque essa moça se tornou mais amorosa, atraente e tem ficado mais bonita e delicada a cada dia. E as fumantes? Essas estão cheias de fumaça, nebulosas, poluídas mesmo. A mulher tem o livre arbítrio para fazer suas escolhas. Ela pode optar por falar ou não palavrão ser ou não fumante, estar ou não de mau humor, aceitar ou não a energia do homem que conheceu na balada... Quando não existe a consciência, a mulher receberá tudo, bom e ruim, sem triagem. Você conhece alguma moça que se relaciona sexualmente, sem critério, com muitas pessoas? Ela provavelmente guarda em si muitas energias distorcidas, pode ter muitas dores e sensação de desamor. Nesse caso, se o homem, com seu pênis, seu bastão de luz, penetrar nesse recipiente poluído, absorverá essa energia desequilibrada para si. E assim, o círculo se torna vicioso e doentio. O homem também pode levar uma energia perversa para o recipiente limpo e poluir esse recipiente. E os homens, têm consciência da energia que passam para as mulheres? Muitos ainda são agressivos com as mulheres e passam energia de guerra para as mulheres. Estude, conheça a si próprio. Cultive a saúde e as boas relações. Contribua para a evolução do planeta. Seja eco-lógico. Faça seu eco ser verde, ser amoroso com toda a natureza. Vamos formar casais eco-lógicos.

O caminho para ser inteiro

Para o homem e para a mulher viverem felizes e prazerosamente neste tempo atual do nosso planeta, é preciso despertar e desenvolver dentro de si todas as características do feminino e do masculino. Unir cada metade e se tornar em ser humano inteiro. Retomarei aqui as características básicas da essência feminina e da essência masculina e explicarei como unificá-las dentro do nosso ser:

Características femininas básicas: atração, emoção e criatividade

Características masculinas básicas: força, poder e inteligência

As mulheres devem desenvolver as características masculinas em si e relembrar as características femininas, e cultivá-las diariamente. Os homens devem reforçar e cultivar as características masculinas e desenvolver as características femininas em si. Ao desenvolver todos os aspectos dentro de você, masculinos e femininos, você obterá diversos níveis de saúde. Abaixo está a ordem e a maneira como as seis saúdes integram o ser. E vamos além. Acrescentamos aqui o sétimo ingrediente, que não é nem masculino e nem feminino. É espiritual. Esta seria a sétima saúde, o sétimo céu:

1º saúde: Força (polaridade masculina) – Obtenção da saúde física (saúde física)

2º saúde: Atração (polaridade feminina) – Obtenção de saúde sexual (tornar-se atraente, magnético)

3º saúde: Poder (polaridade masculina) – Obtenção de saúde financeira, econômica (prosperidade, segurança e brilho pessoal)

4º saúde: Emoção (polaridade feminina) – Obtenção de saúde emocional (tornar-se mais amoroso, calmo e em paz, em contato constante consigo mesmo)

5º saúde: Criatividade (polaridade feminina) – Obtenção de saúde social (ter afinidade e convívio com grupos interessantes, criar o seu próprio mundo)

6º saúde: Inteligência (polaridade masculina) – Obtenção de saúde mental (planos e metas com discernimento, controle mental e sem estresse)

7º saúde: Espiritualidade. Esta não pertence a nenhuma polaridade, nem masculina nem feminina. Ela é sentida quando nos conectamos com uma força superior. Ela se revela como uma percepção de estar de acordo com o fluxo cósmico, sensação de estar sempre no lugar certo, conexão com a natureza e percepção de que somos criadores, que somos deuses, estamos em contato com Deus. Somos um.

Analise as sete saúdes. Há sete saúdes e sete estados internos principais. Perceba que nossos mundos interior e exterior estão diretamente ligados à maneira como desenvolvemos esses sete níveis em nossa vida. Relacionamo-nos conosco mesmos e com o mundo externo exatamente da forma como estabelecemos contato com esses sete aspectos:

1 - Corpo
2 - Relacionamentos e sexo
3 - Dinheiro e negócios
4 - Amor, família, filhos e amigos
5 - Sociedades, beleza e criatividade
6 - Objetivo e clareza mental
7 - Espiritualidade

Relacionamentos prósperos

Para termos um relacionamento harmonioso e próspero conosco e com nosso parceiro, necessitamos entender, desenvolver, organizar e unir cada uma das sete saúdes dentro nós. Casais que desenvolvem suas sete saúdes sempre se tornam cooperativos e colaboradores do crescimento um do outro. A competição é uma característica do instinto animal, e, quando o parceiro ou o casal compete, ambos se tornam vítimas e não criadores do mundo. Perceba a diferença de convívio entre casais que cooperam e os que competem. Os dois estão conectados, um pela corrente de ouro e outro pela sombra, pela inversão. É uma escolha. O ciclo das sete saúdes é virtuoso e progressivo. Veja:

Se você tem saúde física, logo tem vontade de um envolvimento sexual, e, então, se envolve sexualmente, e após ter praticado bons relacionamentos sexuais, torna-se mais seguro e poderoso. A energia se expande e sobe, e você começa a se conectar com fortes emoções, começa a amar a si, ao outro e a vida. Fica inspirado e cria um mundo seu, cria o seu viver. Coloca-se no mundo social, confraterniza-se com um tipo de grupo, e quer colocar em prática suas vontades, ideias e planos. A cabeça funciona com lucidez e intensidade e você, então, agradece a existência, conectando-se com a força maior que nos une e nos trouxe aqui.

Outro exemplo de união das sete saúdes em si e dos sete níveis de relacionamento com o outro:

Se você está no mesmo lugar que o ser amado e você se sente bem fisicamente, já poderá emanar uma onda de atração para seu amor, com seu humor, sua criatividade, seu estado brincalhão; poderá contar casos interessantes, mostrará ao ser amado que se sentirá atraído, e você seguirá demonstrando seu poder de sedução, sua inteligência e, logo, sentirá a força da vida e da união cósmica, sentirá um enlevo espiritual, se tornará espirituoso, agradável, desejado.

Para que possamos ter uma vida prazerosa e orgástica, é preciso que tenhamos o cultivo dessas sete saúdes internas, três de polaridade masculina, três de polaridade feminina e uma neutra. Precisamos unir os sete corpos e abrir os sete portais dentro de nós.

Sete corpos unidos com sete corpos

Antes das inquietações sociais e revoluções de comportamento, havia um encaixe natural entre homem e mulher. A dança acontecia entre essas duas partes (uma masculina e outra feminina), e juntas elas "inteiravam-se". Agora, o tempo é outro, a dança mudou. Só pegará o novo ritmo dos relacionamentos quem estiver se desenvolvendo para ser inteiro. Não há mais encaixe para as metades. Perceba que quem está parado no tempo, sem autoconhecimento e sem atualização, pode estar insatisfeito e sozinho. Não é mais tempo de metades. É tempo de inteiros. É tempo de ganha-ganha, em que ninguém perde, ninguém subjuga, ninguém oprime. Cada um está inteiro e, por isso, não existe dependência, apenas troca. O casal deve utilizar o conhecimento dos sete níveis e colocá-lo em prática para melhorar sua vida conjunta. O casal deve conversar sobre os sete níveis de relacionamento. Nos tempos de hoje, se um casal quer se unir e ter uma relação harmoniosa, íntegra e próspera, é importante que ambos deixem claro como a relação fluirá em todos os níveis.

Nível físico
Falar sobre desenvolvimento físico e prático. Exemplo: Eu jogo futebol e você faz yôga. Moro na minha casa, você na sua, ou moramos juntos. Como cuidamos de nosso físico? Você acorda tarde e espera a empregada e eu pego as compras no supermercado. Todos os dias fazemos caminhadas juntos.

Nível sexual
Falar sobre questões sexuais. Exemplo: Tenho necessidade de ter sexo tantas vezes por semana e você de tantas vezes. Podemos combinar o que é melhor para nós dois. Quero transar de manhã, e você, à noite; então vamos transar no crepúsculo.

Nível financeiro e brilho pessoal
Ter cooperação financeira e profissional. Exemplo: Posso ajudar a comprar um carro novo, se quiser. Posso ajudar no departamento de marketing da sua empresa, se precisar. Ou ainda, podemos ter um novo negócio juntos.

Nível emocional
Ambos devem falar sobre suas emoções e sentimentos. Exemplo: Sinto um amor lindo por você, porém tenho dificuldades de vê-la doando sua energia nesse grupo de amigos, prefiro não frequentar. Não percebo seu amor para com meu filho, há algo que eu possa ajudar?

Nível social
Ambos falam e decidem sobre a vida social do casal. Exemplo: Hoje posso acompanhar você no seu grupo de estudo. Amanhã se você, quiser, podemos ir ao jogo de futebol. Ou cada um vai para um lado e nos encontraremos amanhã ou mais tarde.

Nível mental
Quais são os nossos objetivos em comum? Quais são os planos e metas que temos na vida individual e em conjunto? Exemplo: Vamos guardar dinheiro para comprar uma casa. Quero, pelo menos uma vez por ano viajar para um lugar em que nunca fui. Pretendo aprender música e quero convidá-la a ir comigo. Vou entrar em nova universidade.

Nível espiritual
Falar sobre questões espirituais e de religião de forma aberta e clara. Exemplo: Vamos fazer um ritual em nosso casamento? Teremos alguma oração diária? Vamos rezar antes do almoço? Como você se conecta com a força divina? Em que momentos?

Abrindo os sete portais dentro de si

Como meu ofício é ser cupido e terapeuta, atendemos em nossas unidades diariamente dezenas de pessoas maravilhosas por dentro e por fora, e também atendemos pessoas que estão desunidas por dentro, sem a conexão com as sete saúdes, e com dificuldades de encontrar um amor na vida. Para essas pessoas, inicio o processo de abertura de consciência falando sobre um conhecimento sagrado muito interessante e real que diz respeito à criação do mundo (o big bang). Segundo as leis da física espiritual, homem e mulher surgiram da exata semelhança da criação do universo.

No início da criação, existiam duas forças que viviam em total harmonia: a LUZ e o RECIPIENTE. Enquanto o desejo e o prazer do RECIPIENTE eram receber a LUZ, o desejo e o prazer da LUZ eram ser o canal de doação para encher o RECIPIENTE. A missão da LUZ era encher o RECIPIENTE com sua energia, e a função do RECIPIENTE era receber essa energia. Assim, o casal, cada um com sua missão e sua polaridade, vivia em equilíbrio. A LUZ doava e o RECIPIENTE recebia e digeria, separava e armazenava.

Em um exato momento, o RECIPIENTE estava tão cheio de LUZ que passou a sentir vergonha de ter tanta energia só para si e resolveu que deveria, em retribuição, doar à LUZ um pouco da energia que havia armazenado. E foi aí que a harmonia de ambos foi abalada; afinal, a missão e essência do canal LUZ era apenas doar e não receber; o mesmo aconteceu com o RECIPIENTE que tinha a essência de receber e não de doar-se.

O RECIPIENTE estava tão cheio e com tanta vergonha que passou a negar a recepção da LUZ. A LUZ não doou mais, e o RECIPIENTE não recebeu mais, e as missões individuais foram interrompidas. Naquele momento, o BIG BANG aconteceu. Houve uma explosão de energia tão exorbitante que o RECIPIENTE se quebrou espalhando-se por todo o espaço, e toda a LUZ foi derramada pelos cosmos, dando origem ao universo que conhecemos, com planetas, sóis, galáxias e estrelas. Há energia densa, como no caso dos planetas, e energia mais sutil, como no caso das camadas de energia em torno deles, a atmosfera dos planetas.

Podemos transportar essa mesma concepção para nosso mundo, e sobre como a energia da criação se manifesta em nosso mundo. Nesse caso, imitando a criação pelo feminino e pelo masculino. Analisando a relação do macrocosmo (universo) com o microcosmo (seres humanos), o RECIPIENTE é o útero, e a representação da essência feminina de receber. A LUZ é o canal, e a representação da essência masculina de doar. O pênis do homem é o canal por onde a energia dele passa até ser recebida e armazenada no útero da mulher. Dessa forma, imitamos o big bang orgástico do início do mundo, trazendo a vida para o planeta e sendo deuses e deusas, agentes da criação.

Por intermédio da imitação da criação, tomamos contato com ela (criação) num estado orgástico elevado e nos tornamos canal da alta energia. Tomamos contato com o alto por intermédio da saída do corpo que experimentamos no estado orgástico e de êxtase. E isso é a maior delícia que podemos experimentar, nos traz vida e prazer. Com o tempo e o desenvolvimento individual, podemos nos aprofundar em estados de prazer e vivermos em estados mais orgásticos e prazerosos 24 horas por dia. Isso é um aprendizado. Somos um fiel retrato, a imitação humana do que ocorreu na dimensão cósmica e espiritual. Quando escutamos e aceitamos essa verdade e a colocamos dentro de nós, tudo passa a fluir e a se encaixar, e nos tornamos inteiros. Tudo o que esta em cima está embaixo! Essa é a manifestação da criação.

É surpreendente quando conto essa história em meus atendimentos e workshops. As pessoas se emocionam, e aí percebem a profundidade da existência do homem e da mulher. Perceba como a comparação cósmica e humana é real. A essência original da mulher é ser recipiente, é receber, é bio-lógico, segue a lógica da vida. A mulher tem o útero para receber e acumular energia. Por causa dessa possibilidade de armazenamento, ela pode, com muita habilidade, ser uma distribuidora de energia. Veja, é a mulher que dá colo para um filho, é ela que dá apoio emocional dentro de casa, ela pode elevar a energia de uma pessoa que não está bem, recuperar pessoas que estejam com autoestima baixa, e por aí vai. Ela também pode guardar rancores de desamores por tempos indeterminados, se optar por isso. Pode querer tanto distribuir energia que, em desequilíbrio, poderá ter compulsão de distribuir dinheiro, por exemplo, em compras excessivas compulsivas.

O homem, nesse contexto, deve estar atento para doar e nutrir continuamente essa mulher. Mas o que ele vai doar, se não tem? O homem precisa ganhar o dia, ter energia para si, todos os dias. Fazer uma atividade física diária e ter uma alimentação equilibrada é o mínimo que pode fazer para ter certo bem-estar. O homem nutre positivamente uma mulher quando lhe dá atenção, elogios, carinho, compreensão, massagens, bom humor, sorrisos, incentivo aos planos conjuntos, mimos, presentes, joias... E a mulher? A mulher armazena em seu recipiente toda a doação do homem e as energias que captou por si mesma e deve estar pronta para organizar, fazer uma organização e uma limpeza, e distribuir para quem quiser e precisar. O homem doa e a mulher armazena e distribui. Assim ocorre a harmonia do casal. Ou agora os dois se alternam? E as funções dos dois vão se misturando conforme o que é preciso e vão sentindo quem pode fazer melhor o que precisa ser feito e se dividem em tudo? Perceba: que tipo de luz você, homem, está doando para a sua mulher? E você, mulher, que tipo de luz tem permitido entrar em seu recipiente para ser distribuída? Você recebe e transmite a mesma energia ou sabe fazer alquimia na usina do seu corpo?

Imagine uma mulher muito agradada e abraçada. Certamente, será um recipiente cheio de amor. Foi feita uma pesquisa na *A2 Encontros* a respeito do que as mulheres esperavam das relações sexuais. A maioria disse que desejava abraços, atenção, agrado e carinho ao fazer sexo. Elas, de fato, querem ser abraçadas. Para a mulher, uma relação sexual só é completa se vem acompanhada de carinho, confiança, amor. A energia que o homem doa ao longo da relação para sua mulher é capaz de transformar até as formas físicas dessa mulher. O homem, quando canaliza e doa energia de amor, carinho, respeito e cooperação durante os momentos juntos, vai esculpindo seu recipiente da forma mais divina, e a mulher vai ficando linda e bem desenhada. Imagine como estará o corpo e o útero de uma mulher que durante dez anos de relacionamento recebeu do homem energia de estresse, palavrões, xingamentos, ofensas e desaforos. Certamente, esse recipiente guardará essa energia e será uma pessoa com dores e desamores. A mulher tem de ser responsável pela energia que permite entrar em seu recipiente. Homens e mulheres precisam reaprender a se relacionar para que cultivem o amor e não a dor. É importante saber qual seu papel na relação. Doador ou receptor? Que tipo de energia você está doando ou permitido entrar em você?

A mudança da mulher e do homem

Estamos vivendo num momento histórico, em que a maior parte da transformação evolutiva possível da mulher já ocorreu. Afirmo isso porque a mulher já entrou no seu processo interno de reintegração de si, ela já vem recheando sua essência feminina, desenvolvendo suas polaridades masculinas: força, poder e inteligência. É muita mudança. Eu, como mulher, sei bem como é administrar tudo isso. O que acontece, muitas vezes, é que essa transformação toda pode dar um "ti/t" e tomar conta da cabeça da mulher. Quando ela não consegue equilibrar suas características naturais femininas com as características masculinas que adquiriu, ela pode sim "surtar", ficar masculinizada e, às vezes, insuportável. Mas calma! Acompanho tudo isso de pertinho e sei que tudo isso também faz parte do processo. A mulher já tem dentro de si todo o potencial feminino e masculino. O trabalho agora é organizar e equilibrar. É a segunda revolução da mulher.

Já existem homens mudados. São poucos, muito poucos, uns 10% eu diria. Existem homens interessados e envolvidos em seus processos de transformação, começando. Vejo que está aumentando bem mais rápido. Ufa! São homens conectados com seu autoconhecimento e a reintegração de si mesmos. Eles estão potencializando suas características masculinas e assimilando as ingrediências femininas. Esses são os pioneiros da primeira revolução do homem, que está acontecendo agora.

Toda mulher é lua

Os ciclos da mulher podem ser regidos pela lua. Constantemente, ouvimos dizer que a lua cheia é a lua dos enamorados... É verdade, na lua cheia a mulher deveria estar ovulando, e na lua nova deveria estar menstruando. Se a lua rege as marés, por que não reger as marés de humores e hormônios femininos? Afinal, somos feitos de água. Os homens podem perceber que na lua cheia as mulheres já estão mais ativas e prontas para um intercurso sexual e, portanto, na lua minguante e crescente, a maioria das mulheres está seca (nem menstruada e nem ovulando). Lua cheia, lua minguante, lua nova e lua crescente. A mulher tem quatro fases para serem apreciadas? Será que são mesmo quatro ou há mais? Sim, a lua tem uma outra face que não vemos da Terra e que não é iluminada pelo sol. É a Lilith ou lua negra. Essa capacidade de estar de ótimo humor e de repente mudar para o estado inverso todas as mulheres têm e os homens sabem. Por isso, dizem que as mulheres são *de lua.* Essa diversidade hormonal e emocional é que atrai os homens. Porém, ela deve ser saudável. Essa beleza que mora na complexidade da mulher é mágica e ainda interessante. A mulher lua pode refletir a luz canalizada pelo sol, ou seja, se o sol é quem ilumina a lua, é o homem quem ilumina a mulher? A mulher reflete a luz do homem? Percebo que sim, porque quando estão acompanhadas, todos os outros homens olham para as mulheres. Porém, muitas vezes, quando a mulher está sozinha, não é notada. A lua é receptiva, recebe e acumula a energia quente do sol, pois a energia da mulher é fria, por essência. A lua, à noite, abre o criativo e a intuição. De dia, a luz do sol traz a clareza mental e o conhecimento imediato, estado ativo de consciência.

Todo homem é sol

Os homens são claros e previsíveis. As mulheres olham para os homens sóis e percebem sua natureza, seu jeito e sua simplicidade. O homem sol é claro, ilumina tudo e tem uma energia ativa e penetrante. Por isso é que as mulheres não gostam de ver homens de manhã dormindo demais, porque o sol já nasceu e os homens têm de estar ativos. E para o homem que goza de boa saúde, essa é mesmo a sua vontade natural; porem, não é a da mulher. Frequentemente, ouço homens dizerem que gostaram da candidata que apresentamos, porém acharam que a moça estava muito preguiçosa, no fim de semana dormiu ate muito tarde e não queria acordar e tal. Super engraçado, porque dá para notar que alguns homens não têm muita ideia da energia feminina e de seu funcionamento, pois as mulheres são, na maioria das vezes, assim. Tenho também acompanhado mulheres que tomam hormônios para não menstruar e que são muito queridas pelos homens, porque estão com essa característica diferente, porque os hormônios femininos diminuem e essas mulheres ficam com essa característica superativa masculina, e muitos homens gostam...

O encontro orgástico

Sol e lua, homem e mulher imitando a natureza. Encontrar-se no amanhecer ou no entardecer, quando o sol e a lua estão no céu, pode ser muito bom. Tente! Como conseguimos ter encontros positivos e orgásticos na atualidade? É possível? Sim! Comunhões orgásticas entre sol e lua. Percebemos que os eclipses intensos de casais focados em crescimento mútuo e aprendizado contínuo de si mesmos estão a salvo no planeta. Casais com essa noção têm um amor eterno e uma ligação de amor profundo. A lua e o sol representam os princípios feminino e masculino. A alquimia e a união mística entre os dois contêm ensinamentos preciosos para a humanidade: revela-nos um equilíbrio perfeito, não entre dois opostos (macho e fêmea), nem entre duas metades, mas sim entre duas forças inteiras do feminino e masculino, que se manifestam no interior de cada ser humano. A cabala, o sufismo, o xamanismo, o tantra, o tao, o cristianismo, a cultura dos incas, maias, astecas, o i-ching, o yôga... tantas filosofias milenares retratam à sua maneira o sol e a lua que se unem por intermédio do amor. Só o amor consegue transformar o potencial do ser humano em realizações. Só o amor pode trazer à tona o melhor de cada pessoa. O amor é a luz de Deus revelada neste mundo. O amor nos aproxima das pessoas com as quais precisamos nos conectar. Se estivermos conectados na grande onda amorosa, poderemos nos ligar diretamente à força divina, acima do tempo e do espaço, conectando-nos com o segredo da essência da nossa alma. O segredo da criação.

Assim como em meu trabalho, utilizei aqui neste livro parte de um conhecimento divino e sagrado para ajudar a transformar homens e mulheres em seres inteiros e humanos. Eu me emociono porque tenho conseguido cumprir minha missão de aumentar o amor das pessoas por si e pelo outro. Cada um de nós deve combinar e fundir em si toda a essência divina da criação, a essência do sol e da lua, que são também homem e mulher, simples e complexo, masculino e feminino, yin e yang, razão e emoção, corpo e alma, fogo e água, quente e frio, concreto e abstrato, forma e conteúdo, consciência e intuição, luz e reflexão, côncavo e convexo, ativo e passivo, preto e branco, noite e dia, azul e rosa, reta e curva, céu e terra, positivo e negativo, próton e elétron, chave e fechadura, *lingam* e *yoni*, *shiva* e *shakti*. A *pré-para-ação* de sol e lua pode ser longa, mas quando se encontram num eclipse, pode ser transcendente e isso traz tamanha consciência para os dois e para a humanidade que a Terra até se ajeita para receber e embalar o romance entre esses dois inteiros. E com você, o eclipse já aconteceu?

o amor consegue transformar o potencial do ser humano em realizações. Só o amor pode trazer à tona o melhor de cada pessoa. O amor é a luz de Deus revelada neste mundo. O amor nos aproxima das pessoas com as quais precisamos nos conectar. Se estivermos conectados na grande onda amorosa, poderemos nos ligar diretamente à força divina, acima do tempo e do espaço, conectando-nos com o segredo da essência da nossa alma. O segredo da criação.

Assim como em meu trabalho, utilizei aqui neste livro parte de um conhecimento divino e sagrado para ajudar a transformar homens e mulheres em seres inteiros e humanos. Eu me emociono porque tenho conseguido cumprir minha missão de aumentar o amor das pessoas por si e pelo outro. Cada um de nós deve combinar e fundir em si toda a essência divina da criação, a essência do sol e da lua, que são também homem e mulher, simples e complexo, masculino e feminino, yin e yang, razão e emoção, corpo e alma, fogo e água, quente e frio, concreto e abstrato, forma e conteúdo, consciência e intuição, luz e reflexão, côncavo e convexo, ativo e passivo, preto e branco, noite e dia, azul e rosa, reta e curva, céu e terra, positivo e negativo, próton e elétron, chave e fechadura, *lingam* e *yoni*, *shiva* e *shakti*. A *pré-para-ação* de sol e lua pode ser longa, mas quando se encontram num eclipse, pode ser transcendente e isso traz tamanha consciência para os dois e para a humanidade que a Terra até se ajeita para receber e embalar o romance entre esses dois inteiros. E com você, o eclipse já aconteceu?

A vida é encontro

mulher está sozinha, não é notada. A lua é receptiva, recebe e acumula a energia quente do sol, pois a energia da mulher é fria, por essência. A lua, à noite, abre o criativo e a intuição. De dia, a luz do sol traz a clareza mental e o conhecimento imediato, estado ativo de consciência.

Todo homem é sol

Os homens são claros e previsíveis. As mulheres olham para os homens sóis e percebem sua natureza, seu jeito e sua simplicidade. O homem sol é claro, ilumina tudo e tem uma energia ativa e penetrante. Por isso é que as mulheres não gostam de ver homens de manhã dormindo demais, porque o sol já nasceu e os homens têm de estar ativos. E para o homem que goza de boa saúde, essa é mesmo a sua vontade natural; porem, não é a da mulher. Frequentemente, ouço homens dizerem que gostaram da candidata que apresentamos, porém acharam que a moça estava muito preguiçosa, no fim de semana dormiu ate muito tarde e não queria acordar e tal. Super engraçado, porque dá para notar que alguns homens não têm muita ideia da energia feminina e de seu funcionamento, pois as mulheres são, na maioria das vezes, assim. Tenho também acompanhado mulheres que tomam hormônios para não menstruar e que são muito queridas pelos homens, porque estão com essa característica diferente, porque os hormônios femininos diminuem e essas mulheres ficam com essa característica superativa masculina, e muitos homens gostam...

O encontro orgástico

Sol e lua, homem e mulher imitando a natureza. Encontrar-se no amanhecer ou no entardecer, quando o sol e a lua estão no céu, pode ser muito bom. Tente! Como conseguimos ter encontros positivos e orgásticos na atualidade? É possível? Sim! Comunhões orgásticas entre sol e lua. Percebemos que os eclipses intensos de casais focados em crescimento mútuo e aprendizado contínuo de si mesmos estão a salvo no planeta. Casais com essa noção têm um amor eterno e uma ligação de amor profundo. A lua e o sol representam os princípios feminino e masculino. A alquimia e a união mística entre os dois contêm ensinamentos preciosos para a humanidade: revela-nos um equilíbrio perfeito, não entre dois opostos (macho e fêmea), nem entre duas metades, mas sim entre duas forças inteiras do feminino e masculino, que se manifestam no interior de cada ser humano. A cabala, o sufismo, o xamanismo, o tantra, o tao, o cristianismo, a cultura dos incas, maias, astecas, o i-ching, o yôga... tantas filosofias milenares retratam à sua maneira o sol e a lua que se unem por intermédio do amor. Só

a mulher já entrou no seu processo interno de reintegração de si, ela já vem recheando sua essência feminina, desenvolvendo suas polaridades masculinas: força, poder e inteligência. É muita mudança. Eu, como mulher, sei bem como é administrar tudo isso. O que acontece, muitas vezes, é que essa transformação toda pode dar um "*tilt*" e tomar conta da cabeça da mulher. Quando ela não consegue equilibrar suas características naturais femininas com as características masculinas que adquiriu, ela pode sim "surtar", ficar masculinizada e, às vezes, insuportável. Mas calma! Acompanho tudo isso de pertinho e sei que tudo isso também faz parte do processo. A mulher já tem dentro de si todo o potencial feminino e masculino. O trabalho agora é organizar e equilibrar. É a segunda revolução da mulher.

Já existem homens mudados. São poucos, muito poucos, uns 10% eu diria. Existem homens interessados e envolvidos em seus processos de transformação, começando. Vejo que está aumentando bem mais rápido. Ufa! São homens conectados com seu autoconhecimento e a reintegração de si mesmos. Eles estão potencializando suas características masculinas e assimilando as ingrediências femininas. Esses são os pioneiros da primeira revolução do homem, que está acontecendo agora.

Toda mulher é lua

Os ciclos da mulher podem ser regidos pela lua. Constantemente, ouvimos dizer que a lua cheia é a lua dos enamorados... É verdade, na lua cheia a mulher deveria estar ovulando, e na lua nova deveria estar menstruando. Se a lua rege as marés, por que não reger as marés de humores e hormônios femininos? Afinal, somos feitos de água. Os homens podem perceber que na lua cheia as mulheres já estão mais ativas e prontas para um intercurso sexual e, portanto, na lua minguante e crescente, a maioria das mulheres está seca (nem menstruada e nem ovulando). Lua cheia, lua minguante, lua nova e lua crescente. A mulher tem quatro fases para serem apreciadas? Será que são mesmo quatro ou há mais? Sim, a lua tem uma outra face que não vemos da Terra e que não é iluminada pelo sol. É a Lilith ou lua negra. Essa capacidade de estar de ótimo humor e de repente mudar para o estado inverso todas as mulheres têm e os homens sabem. Por isso, dizem que as mulheres são *de lua*. Essa diversidade hormonal e emocional é que atrai os homens. Porém, ela deve ser saudável. Essa beleza que mora na complexidade da mulher é mágica e ainda interessante. A mulher lua pode refletir a luz canalizada pelo sol, ou seja, se o sol é quem ilumina a lua, é o homem quem ilumina a mulher? A mulher reflete a luz do homem? Percebo que sim, porque quando estão acompanhadas, todos os outros homens olham para as mulheres. Porém, muitas vezes, quando a

querer tanto distribuir energia que, em desequilíbrio, poderá ter compulsão de distribuir dinheiro, por exemplo, em compras excessivas compulsivas.

O homem, nesse contexto, deve estar atento para doar e nutrir continuamente essa mulher. Mas o que ele vai doar, se não tem? O homem precisa ganhar o dia, ter energia para si, todos os dias. Fazer uma atividade física diária e ter uma alimentação equilibrada é o mínimo que pode fazer para ter certo bem-estar. O homem nutre positivamente uma mulher quando lhe dá atenção, elogios, carinho, compreensão, massagens, bom humor, sorrisos, incentivo aos planos conjuntos, mimos, presentes, joias... E a mulher? A mulher armazena em seu recipiente toda a doação do homem e as energias que captou por si mesma e deve estar pronta para organizar, fazer uma organização e uma limpeza, e distribuir para quem quiser e precisar. O homem doa e a mulher armazena e distribui. Assim ocorre a harmonia do casal. Ou agora os dois se alternam? E as funções dos dois vão se misturando conforme o que é preciso e vão sentindo quem pode fazer melhor o que precisa ser feito e se dividem em tudo? Perceba: que tipo de luz você, homem, está doando para a sua mulher? E você, mulher, que tipo de luz tem permitido entrar em seu recipiente para ser distribuída? Você recebe e transmite a mesma energia ou sabe fazer alquimia na usina do seu corpo?

Imagine uma mulher muito agradada e abraçada. Certamente, será um recipiente cheio de amor. Foi feita uma pesquisa na *A2 Encontros* a respeito do que as mulheres esperavam das relações sexuais. A maioria disse que desejava abraços, atenção, agrado e carinho ao fazer sexo. Elas, de fato, querem ser abraçadas. Para a mulher, uma relação sexual só é completa se vem acompanhada de carinho, confiança, amor. A energia que o homem doa ao longo da relação para sua mulher é capaz de transformar até as formas físicas dessa mulher. O homem, quando canaliza e doa energia de amor, carinho, respeito e cooperação durante os momentos juntos, vai esculpindo seu recipiente da forma mais divina, e a mulher vai ficando linda e bem desenhada. Imagine como estará o corpo e o útero de uma mulher que durante dez anos de relacionamento recebeu do homem energia de estresse, palavrões, xingamentos, ofensas e desaforos. Certamente, esse recipiente guardará essa energia e será uma pessoa com dores e desamores. A mulher tem de ser responsável pela energia que permite entrar em seu recipiente. Homens e mulheres precisam reaprender a se relacionar para que cultivem o amor e não a dor. É importante saber qual seu papel na relação. Doador ou receptor? Que tipo de energia você está doando ou permitido entrar em você?

A mudança da mulher e do homem

Estamos vivendo num momento histórico, em que a maior parte da transformação evolutiva possível da mulher já ocorreu. Afirmo isso porque

O RECIPIENTE estava tão cheio e com tanta vergonha que passou a negar a recepção da LUZ. A LUZ não doou mais, e o RECIPIENTE não recebeu mais, e as missões individuais foram interrompidas. Naquele momento, o BIG BANG aconteceu. Houve uma explosão de energia tão exorbitante que o RECIPIENTE se quebrou espalhando-se por todo o espaço, e toda a LUZ foi derramada pelos cosmos, dando origem ao universo que conhecemos, com planetas, sóis, galáxias e estrelas. Há energia densa, como no caso dos planetas, e energia mais sutil, como no caso das camadas de energia em torno deles, a atmosfera dos planetas.

Podemos transportar essa mesma concepção para nosso mundo, e sobre como a energia da criação se manifesta em nosso mundo. Nesse caso, imitando a criação pelo feminino e pelo masculino. Analisando a relação do macrocosmo (universo) com o microcosmo (seres humanos), o RECIPIENTE é o útero, e a representação da essência feminina de receber. A LUZ é o canal, e a representação da essência masculina de doar. O pênis do homem é o canal por onde a energia dele passa até ser recebida e armazenada no útero da mulher. Dessa forma, imitamos o big bang orgástico do início do mundo, trazendo a vida para o planeta e sendo deuses e deusas, agentes da criação.

Por intermédio da imitação da criação, tomamos contato com ela (criação) num estado orgástico elevado e nos tornamos canal da alta energia. Tomamos contato com o alto por intermédio da saída do corpo que experimentamos no estado orgástico e de êxtase. E isso é a maior delícia que podemos experimentar, nos traz vida e prazer. Com o tempo e o desenvolvimento individual, podemos nos aprofundar em estados de prazer e vivermos em estados mais orgásticos e prazerosos 24 horas por dia. Isso é um aprendizado. Somos um fiel retrato, a imitação humana do que ocorreu na dimensão cósmica e espiritual. Quando escutamos e aceitamos essa verdade e a colocamos dentro de nós, tudo passa a fluir e a se encaixar, e nos tornamos inteiros. Tudo o que esta em cima está embaixo! Essa é a manifestação da criação.

É surpreendente quando conto essa história em meus atendimentos e workshops. As pessoas se emocionam, e aí percebem a profundidade da existência do homem e da mulher. Perceba como a comparação cósmica e humana é real. A essência original da mulher é ser recipiente, é receber, é bio-lógico, segue a lógica da vida. A mulher tem o útero para receber e acumular energia. Por causa dessa possibilidade de armazenamento, ela pode, com muita habilidade, ser uma distribuidora de energia. Veja, é a mulher que dá colo para um filho, é ela que dá apoio emocional dentro de casa, ela pode elevar a energia de uma pessoa que não está bem, recuperar pessoas que estejam com autoestima baixa, e por aí vai. Ela também pode guardar rancores de desamores por tempos indeterminados, se optar por isso. Pode

Nível mental
Quais são os nossos objetivos em comum? Quais são os planos e metas que temos na vida individual e em conjunto? Exemplo: Vamos guardar dinheiro para comprar uma casa. Quero, pelo menos uma vez por ano viajar para um lugar em que nunca fui. Pretendo aprender música e quero convidá-la a ir comigo. Vou entrar em nova universidade.

Nível espiritual
Falar sobre questões espirituais e de religião de forma aberta e clara. Exemplo: Vamos fazer um ritual em nosso casamento? Teremos alguma oração diária? Vamos rezar antes do almoço? Como você se conecta com a força divina? Em que momentos?

Abrindo os sete portais dentro de si

Como meu ofício é ser cupido e terapeuta, atendemos em nossas unidades diariamente dezenas de pessoas maravilhosas por dentro e por fora, e também atendemos pessoas que estão desunidas por dentro, sem a conexão com as sete saúdes, e com dificuldades de encontrar um amor na vida. Para essas pessoas, inicio o processo de abertura de consciência falando sobre um conhecimento sagrado muito interessante e real que diz respeito à criação do mundo (o big bang). Segundo as leis da física espiritual, homem e mulher surgiram da exata semelhança da criação do universo.

> *No início da criação, existiam duas forças que viviam em total harmonia: a LUZ e o RECIPIENTE. Enquanto o desejo e o prazer do RECIPIENTE eram receber a LUZ, o desejo e o prazer da LUZ eram ser o canal de doação para encher o RECIPIENTE. A missão da LUZ era encher o RECIPIENTE com sua energia, e a função do RECIPIENTE era receber essa energia. Assim, o casal, cada um com sua missão e sua polaridade, vivia em equilíbrio. A LUZ doava e o RECIPIENTE recebia e digeria, separava e armazenava.*
>
> *Em um exato momento, o RECIPIENTE estava tão cheio de LUZ que passou a sentir vergonha de ter tanta energia só para si e resolveu que deveria, em retribuição, doar à LUZ um pouco da energia que havia armazenado. E foi aí que a harmonia de ambos foi abalada; afinal, a missão e essência do canal LUZ era apenas doar e não receber; o mesmo aconteceu com o RECIPIENTE que tinha a essência de receber e não de doar-se.*

entre essas duas partes (uma masculina e outra feminina), e juntas elas "inteiravam-se". Agora, o tempo é outro, a dança mudou. Só pegará o novo ritmo dos relacionamentos quem estiver se desenvolvendo para ser inteiro. Não há mais encaixe para as metades. Perceba que quem está parado no tempo, sem autoconhecimento e sem atualização, pode estar insatisfeito e sozinho. Não é mais tempo de metades. É tempo de inteiros. É tempo de ganha-ganha, em que ninguém perde, ninguém subjuga, ninguém oprime. Cada um está inteiro e, por isso, não existe dependência, apenas troca. O casal deve utilizar o conhecimento dos sete níveis e colocá-lo em prática para melhorar sua vida conjunta. O casal deve conversar sobre os sete níveis de relacionamento. Nos tempos de hoje, se um casal quer se unir e ter uma relação harmoniosa, íntegra e próspera, é importante que ambos deixem claro como a relação fluirá em todos os níveis.

Nível físico
Falar sobre desenvolvimento físico e prático. Exemplo: Eu jogo futebol e você faz yôga. Moro na minha casa, você na sua, ou moramos juntos. Como cuidamos de nosso físico? Você acorda tarde e espera a empregada e eu pego as compras no supermercado. Todos os dias fazemos caminhadas juntos.

Nível sexual
Falar sobre questões sexuais. Exemplo: Tenho necessidade de ter sexo tantas vezes por semana e você de tantas vezes. Podemos combinar o que é melhor para nós dois. Quero transar de manhã, e você, à noite; então vamos transar no crepúsculo.

Nível financeiro e brilho pessoal
Ter cooperação financeira e profissional. Exemplo: Posso ajudar a comprar um carro novo, se quiser. Posso ajudar no departamento de marketing da sua empresa, se precisar. Ou ainda, podemos ter um novo negócio juntos.

Nível emocional
Ambos devem falar sobre suas emoções e sentimentos. Exemplo: Sinto um amor lindo por você, porém tenho dificuldades de vê-la doando sua energia nesse grupo de amigos, prefiro não frequentar. Não percebo seu amor para com meu filho, há algo que eu possa ajudar?

Nível social
Ambos falam e decidem sobre a vida social do casal. Exemplo: Hoje posso acompanhar você no seu grupo de estudo. Amanhã se você, quiser, podemos ir ao jogo de futebol. Ou cada um vai para um lado e nos encontraremos amanhã ou mais tarde.

Relacionamentos prósperos

Para termos um relacionamento harmonioso e próspero conosco e com nosso parceiro, necessitamos entender, desenvolver, organizar e unir cada uma das sete saúdes dentro nós. Casais que desenvolvem suas sete saúdes sempre se tornam cooperativos e colaboradores do crescimento um do outro. A competição é uma característica do instinto animal, e, quando o parceiro ou o casal compete, ambos se tornam vítimas e não criadores do mundo. Perceba a diferença de convívio entre casais que cooperam e os que competem. Os dois estão conectados, um pela corrente de ouro e outro pela sombra, pela inversão. É uma escolha. O ciclo das sete saúdes é virtuoso e progressivo. Veja:

> Se você tem saúde física, logo tem vontade de um envolvimento sexual, e, então, se envolve sexualmente, e após ter praticado bons relacionamentos sexuais, torna-se mais seguro e poderoso. A energia se expande e sobe, e você começa a se conectar com fortes emoções, começa a amar a si, ao outro e a vida. Fica inspirado e cria um mundo seu, cria o seu viver. Coloca-se no mundo social, confraterniza-se com um tipo de grupo, e quer colocar em prática suas vontades, ideias e planos. A cabeça funciona com lucidez e intensidade e você, então, agradece a existência, conectando-se com a força maior que nos une e nos trouxe aqui.

Outro exemplo de união das sete saúdes em si e dos sete níveis de relacionamento com o outro:

> Se você está no mesmo lugar que o ser amado e você se sente bem fisicamente, já poderá emanar uma onda de atração para seu amor, com seu humor, sua criatividade, seu estado brincalhão; poderá contar casos interessantes, mostrará ao ser amado que se sentirá atraído, e você seguirá demonstrando seu poder de sedução, sua inteligência e, logo, sentirá a força da vida e da união cósmica, sentirá um enlevo espiritual, se tornará espirituoso, agradável, desejado.

Para que possamos ter uma vida prazerosa e orgástica, é preciso que tenhamos o cultivo dessas sete saúdes internas, três de polaridade masculina, três de polaridade feminina e uma neutra. Precisamos unir os sete corpos e abrir os sete portais dentro de nós.

Sete corpos unidos com sete corpos

Antes das inquietações sociais e revoluções de comportamento, havia um encaixe natural entre homem e mulher. A dança acontecia

As mulheres devem desenvolver as características masculinas em si e relembrar as características femininas, e cultivá-las diariamente. Os homens devem reforçar e cultivar as características masculinas e desenvolver as características femininas em si. Ao desenvolver todos os aspectos dentro de você, masculinos e femininos, você obterá diversos níveis de saúde. Abaixo está a ordem e a maneira como as seis saúdes integram o ser. E vamos além. Acrescentamos aqui o sétimo ingrediente, que não é nem masculino e nem feminino. É espiritual. Esta seria a sétima saúde, o sétimo céu:

1º saúde: Força (polaridade masculina) – Obtenção da saúde física (saúde física)

2º saúde: Atração (polaridade feminina) – Obtenção de saúde sexual (tornar-se atraente, magnético)

3º saúde: Poder (polaridade masculina) – Obtenção de saúde financeira, econômica (prosperidade, segurança e brilho pessoal)

4º saúde: Emoção (polaridade feminina) – Obtenção de saúde emocional (tornar-se mais amoroso, calmo e em paz, em contato constante consigo mesmo)

5º saúde: Criatividade (polaridade feminina) – Obtenção de saúde social (ter afinidade e convívio com grupos interessantes, criar o seu próprio mundo)

6º saúde: Inteligência (polaridade masculina) – Obtenção de saúde mental (planos e metas com discernimento, controle mental e sem estresse)

7º saúde: Espiritualidade. Esta não pertence a nenhuma polaridade, nem masculina nem feminina. Ela é sentida quando nos conectamos com uma força superior. Ela se revela como uma percepção de estar de acordo com o fluxo cósmico, sensação de estar sempre no lugar certo, conexão com a natureza e percepção de que somos criadores, que somos deuses, estamos em contato com Deus. Somos um.

Analise as sete saúdes. Há sete saúdes e sete estados internos principais. Perceba que nossos mundos interior e exterior estão diretamente ligados à maneira como desenvolvemos esses sete níveis em nossa vida. Relacionamo-nos conosco mesmos e com o mundo externo exatamente da forma como estabelecemos contato com esses sete aspectos:

1 - Corpo
2 - Relacionamentos e sexo
3 - Dinheiro e negócios
4 - Amor, família, filhos e amigos
5 - Sociedades, beleza e criatividade
6 - Objetivo e clareza mental
7 - Espiritualidade

Recipientes limpos

Por que as pessoas, de modo geral, fogem de gente agressiva, que fala de forma grosseira e diz muitos palavrões? Porque por intermédio do verbo fica evidente que o recipiente está sujo, contaminado e com baixa energia. Tenho uma cliente muito bem-sucedida que quando me encontra sempre diz: *"O aprendizado mais importante que você me passou foi o ensinamento de não falar palavrões"*. Eu acredito, porque essa moça se tornou mais amorosa, atraente e tem ficado mais bonita e delicada a cada dia. E as fumantes? Essas estão cheias de fumaça, nebulosas, poluídas mesmo. A mulher tem o livre arbítrio para fazer suas escolhas. Ela pode optar por falar ou não palavrão ser ou não fumante, estar ou não de mau humor, aceitar ou não a energia do homem que conheceu na balada... Quando não existe a consciência, a mulher receberá tudo, bom e ruim, sem triagem. Você conhece alguma moça que se relaciona sexualmente, sem critério, com muitas pessoas? Ela provavelmente guarda em si muitas energias distorcidas, pode ter muitas dores e sensação de desamor. Nesse caso, se o homem, com seu pênis, seu bastão de luz, penetrar nesse recipiente poluído, absorverá essa energia desequilibrada para si. E assim, o círculo se torna vicioso e doentio. O homem também pode levar uma energia perversa para o recipiente limpo e poluir esse recipiente. E os homens, têm consciência da energia que passam para as mulheres? Muitos ainda são agressivos com as mulheres e passam energia de guerra para as mulheres. Estude, conheça a si próprio. Cultive a saúde e as boas relações. Contribua para a evolução do planeta. Seja eco-lógico. Faça seu eco ser verde, ser amoroso com toda a natureza. Vamos formar casais eco-lógicos.

O caminho para ser inteiro

Para o homem e para a mulher viverem felizes e prazerosamente neste tempo atual do nosso planeta, é preciso despertar e desenvolver dentro de si todas as características do feminino e do masculino. Unir cada metade e se tornar em ser humano inteiro. Retomarei aqui as características básicas da essência feminina e da essência masculina e explicarei como unificá-las dentro do nosso ser:

Características femininas básicas: atração, emoção e criatividade

Características masculinas básicas: força, poder e inteligência

ele é um cultivo interno para que ocorra de dentro para fora e para ficar em volta. Por isso, se você diz a uma pessoa que foi abandonado, largado e reclama bastante... quer espantar o amor? Será que consegue? Pode ser. O amor sem cultivo morre. E com a instabilidade dos tempos atuais, o amor morre muito mais rápido, está com a vida ameaçada. Mas tomara que o amor se alastre! Que assim seja!

O estado das nossas emoções interfere diretamente no estado de nosso parceiro. Se o homem, por exemplo, chega em casa bravo e estressado, a mulher pode piorar o estado dele e o convívio se retribuir com cara feia, com reclamações, estresse e agressividade. Se tiver contato com sua essência e se estiver em colaboração para o crescimento do outro, podem optar por recebê-lo de forma amorosa, acolhendo-o, fazendo cócegas, falando algo engraçado ou apimentado. Assim, não somente ele mudará o estado, como ambos ficarão mais leves e conectados. Ou, se ele chega alegre e feliz, e ela chega de cara feia, muito brava e nervosa, virada mesmo. Daí você vai me perguntar sobre o que fazer. Respondo: consciência de guerra. Se a guerra está no mundo, é porque a guerra está dentro de nós. A maioria das pessoas vive em guerra dentro de si e projeta esse conflito para fora. Com certeza, essas pessoas estão infelizes e, muitas vezes, sozinhas.

Minha receita para transformar a guerra em paz, o desamor em amor, a separação em união, é juntar o masculino e o feminino dentro de cada um. Isso mesmo! Já que o primeiro passo foi potencializar as essências, agora o passo é unir tudo dentro de si. Ué, mas dessa forma não precisaremos mais do outro? Sim, mudaremos. Não precisaremos do outro, mas iremos nos *relacionar com* o outro. É bem diferente. Precisar do outro é estar incompleto, sempre na dependência de algo externo para estar realizado e feliz. Essa história de não ter nenhuma forma de ganho de energia individual e estar sempre dependendo do outro, do mesmo ser humano em possessão, é difícil. É melhor estarmos inteiros. Para estarmos inteiros, precisamos aprender a perceber quando temos energia e como ganhamos e perdemos energia, e podemos ter o discernimento de nos encontrarmos apenas quando estivermos em bom estado. Se estivermos inteiros, teremos a real possibilidade de sentir prazer nos relacionando com o outro, e não dependendo dele. Essa é a missão do ser humano: sentir prazer! Só se pode sentir o verdadeiro prazer orgástico quando você se ama e se sente inteiro. Masculino e feminino unidos dentro de si, sentindo a energia completa da criação, a energia da vida.

Afffe, há pessoas sem energia que parecem que estão quase mortas, não é? Toda forma de melhorar a compreensão sobre si mesmo é bem-vinda. Existem terapias, grupos de meditação, yôga, escolas, academias, danças, pesca, workshops de autoconhecimento, grupos de estudo, espelhos de parede e o espelho que temos nos outros à nossa volta... Sua vida só mudará a partir de você mesmo. Observe-se de fato e se dê uma nota.

para os dois. Porém, quando a união é de posse, ela acaba afogando um ou ambos. A ideia é que os dois estejam de mãos dadas, olhando juntos para o horizonte. Lado a lado e de frente para as descobertas do mundo, com seus objetivos individuais e comuns.

Quando a ideia for misturar-se ao outro, que seja um momento único, ritualizado, prazeroso, orgástico e sagrado. Aí sim, frente a frente, olhos nos olhos, coração com coração. Por que esse significado lúdico? Porque, quando estão apenas olhando um para o outro, muitas vezes estão competindo. É fato que um é o espelho do outro, sem dúvida. Porém, que esse espelho não seja de competição, e que seja sim de compartilhamento e amor, crescimento mútuo, observação e cumplicidade. Inclusive, é a única forma de crescer. Você já percebeu a diferença de desenvolvimento emocional de quem tem um relacionamento estável com quem não tem? É incrível! Ainda não encontramos uma forma melhor de desenvolvimento emocional do que a união familiar.

Tudo dentro de nós

Para vivermos com maior dignidade neste planeta, devemos estudar e ampliar nossa consciência. A era das metades já passou. Agora, temos de ser inteiros, temos de desenvolver nossas capacidades humanas por completo. Somos a cópia do universo, somos inteiros, somos o micro no macro, somos um uni-verso, um verso único, e devemos nos nutrir de todas as ingrediências da criação. Devemos ter dentro de nós toda sabedoria feminina e toda sabedoria masculina, para, assim, estarmos mais próximos de Deus e da perfeição. Assim, teremos paz dentro e fora de nós. Dos eus? D´eus? Será que somos deuses?

A caminhada começa pelo desenvolvimento do amor que podemos ter por nós mesmos, por todos os nossos eus. Porque a busca pelo amor do outro, começa pelo amor em si. Para despertamos nosso amor próprio, devemos, inicialmente, conhecer e trabalhar arduamente no desenvolvimento da nossa essência. O primeiro passo é conhecer e potencializar suas características essenciais. Somente a partir do reconhecimento dessas potencialidades é que podemos dar início ao trabalho para o cultivo do amor do outro. Se não tivermos amor próprio, não encontraremos o amor do outro. Enxergamos o mundo com nossa condição interna (de vivências, emoções e pensamentos); se nossa percepção estiver incompleta e negativa, o mundo e o outro não nos aceitarão. Como posso dar amor se não tenho esse amor? Preciso ter grande amor por mim para poder amar o outro e ter uma visão amorosa de mundo. O amor se expandirá a partir de mim e, então, será emanado para os outros e para o mundo. O amor não é algo que vem ou aparece,

CAPÍTULO 5

A união do masculino com o feminino

Como é prazerosa e deliciosa a união das polaridades opostas! Quando a gente se depara com alguém por quem sentimos atração física, o coração dispara, falta o ar, o riso vem, as mãos suam. Noossaa, que orgástico! Altas emoções para quem consegue vivê-las. Porém, para quem não consegue (ou não se permite) viver a vida de forma prazerosa e orgástica, faço aqui um convite para essa possibilidade mágica. Saboreie-a! Somente por intermédio da vivência e da experimentação poderemos saborear nosso saber e nos tornarmos sábios sobre nossas próprias vidas. O conhecimento não colocado em prática atrofia as sensações, torna a vida teórica e sem sabores. Então, que venham os sabores! Que venham os saberes! Que venham os prazeres!

Homem e mulher: unidos para crescer

Se você está casado ou tem uma pessoa com quem vive, pode começar percebendo que os dois nasceram separados, em famílias diferentes, e, ainda assim, quiseram se ligar de forma mais profunda e estabelecer um elo. Esse elo tem de ser para o crescimento mútuo. Depois de casado, é preciso que cada um continue tendo sua missão pessoal, e, juntos, cada elemento do casal deve unir forças e colaborar com o outro para crescerem e atingirem os objetivos de vida. O que acontece com muuuuita frequência no casal é que um fica segurando o desenvolvimento do outro, por causa de sentimento de posse, ciúmes, castrações e inseguranças gerais. Quando a união do casal está focada no crescimento de ambos, ela se traduz em força e desenvolvimento

vos diversos. Vamos dedicar atenção especial à ereção. Em primeiro lugar, o homem tem de entender que a mulher tem prazer intenso de várias formas, e muitas delas não dependem da ereção do homem. Portanto, se o homem começar uma relação abraçando bastante sua companheira, beijando-a amorosamente, acariciando o corpo dela inteiro, reconhecendo vales e picos e envolvendo-se em rios e matas, poderá, no meio disso tudo, ver sua ereção completa e ter uma ótima surpresa. Se o homem for do tipo que aprecia o corpo feminino como um todo, e se for esperto em preliminares, então não haverá mais esse problema de fa ta de ereção. Percebo que a maioria dos homens que me relatam esse problema de ereção não tem orientação sobre o que fazer. Quando eles obtêm a orientação correta, transformam-se e transformam a relação. A orientação é: aprecie o corpo da mulher de forma calma e prazerosa, saboreando, como se fosse um vinho esplendoroso.

Para os que ejaculam rápido, não há problema. É só mostrar a ela que ainda não acabou e seguir *de novo*. Assim, ficará bom para a mulher, o homem estará descansado e satisfeito, e poderá tocá-la sem pressa, com amor, doçura, carinho e calma, até esquentar toda a máquina feminina. A engrenagem da mulher é complexa e demora tempo para esquentar. Então, mãos à obra! Se você já ejaculou, poderá começar tudo de novo e curtir uma transa maravilhosa. Poderá começar com uma massagem deliciosa nela, iniciando nos pés, até deixá-los aquecidos, chegando até a cabeça, nos cabelos. Perceba que, para a mulher ter muito prazer com as preliminares, é preciso de pelo menos 20 a 30 minutos de carinho e afeto. Enquanto o homem está preocupado em esquentar seu sangue e seu corpo físico para a relação, a mulher precisa, em primeiro lugar, esquentar *seu corpo emocional*. A mulher esquenta seus pensamentos românticos e dispara sua paixão por intermédio dos carinhos do homem, e vai ficando levemente úmida e se abrindo fisicamente para os carinhos dele. O homem pode perceber os sinais do corpo dela, e sentir que ela está se recheando emocionalmente. Aí pode começar a tocar os locais mais íntimos, as zonas erógenas Se o problema é falta de ereção, os antigos conhecedores da arte do sexo acreditavam que os elixires do corpo da mulher, se ingeridos, poderiam curar o homem trazendo ereção para eles. Você já se aproximou bastante de uma mulher a ponto de sentir o cheiro e o gosto dela em todas as partes? Os elixires principais vêm da vagina e da saliva durante o orgasmo vaginal. O homem da Antiguidade era instruído a tomar esses elixires e engolir. Na maioria das vezes, o homem já se excita e tem ereção com o cheiro e com o contato mais íntimo. Tomar os elixires da mulher pode ser uma experiência fascinante.

nalmente dá muito trabalho, né?). O homem consegue separar as estações. Para eles, sexo é uma coisa e amor é outra. E, na verdade, os homens estão certos! Uma coisa é uma coisa, outra coisa é outra coisa (atualmente, já encontramos mulheres prá lá de modernas, eu diria intergalácticas, que conseguem fazer essa distinção entre sexo e amor, e se relacionam com alguns homens sem misturar as estações). Exceções à parte, o mais comum e natural é que, quando a mulher trai, ela está movida pela compensação emocional. Ela, provavelmente, não está tendo atenção e admiração do parceiro, não está sendo ouvida, nem abraçada por ele, está se sentindo carente e sem afeto. As mulheres, quando traem no emocional, normalmente querem terminar as relações que têm. É engraçado e compreensível.

Perceba que a traição dói mais no ponto em que cada um coloca como forte na relação. Para o homem, o ponto mais importante da relação é o sexo; portanto, ele enlouquece só de imaginar "sua" mulher na cama com outro. Se a mulher tem afinidade emocional ou intelectual com outro cara até vai, mas na cama não! Agora, para as mulheres, a suposição hipotética de algum envolvimento emocional do parceiro com outra mulher pode causar estragos irreparáveis. Por isso, é mais fácil para a mulher aceitar a traição física do homem do que o inverso. A mulher tem posse emocional, e o homem, física. Como é com você e sua parceira? O mundo relacional das posses é uma realidade que podemos mudar. Ninguém é dono de ninguém. Alguns poucos já são donos de si, e outros nem isso. Mas será mesmo que sexo é uma coisa e amor é outra? Sim, são duas energias distintas, e cada uma vem de um centro. Uma é física e a outra é emocional. Porém, estamos em uma época que o caminhar da humanidade consciente está nos conduzindo para a fusão das polaridades. Esse é nosso trabalho. Ensinar, orientar e conduzir as pessoas para a unificação. Almeja-se que o sexo, quando se efetivar, já esteja nutrido de amor.

Ereção e virilidade

Todos os homens já brocharam alguma vez na vida, isso é normal, principalmente quando querem demais uma mulher. A maioria dos homens tem uma história de grande ansiedade em uma relação que não deu certo. Porém, existe sim a disfunção erétil em mais de 50% dos homens brasileiros (segundo os Laboratórios Pfizer Ltda, fabricante de um medicamento para disfunção erétil). Existem muitos jovens desse tipo já com problemas de disfunção erétil. Mas a disfunção erétil também ocorre nos homens mais velhos, por moti-

> palestra sobre relacionamentos, mas ele disse que não precisava e nem gostava "dessas coisas" (deu para perceber que ele não gosta mesmo de sexo bem feito). Esperamos um pouco e, quando tivemos um curso sobre a área sexual, o chamamos de novo. Ele disse que de mulher e sexo ele entendia muito bem. Ok, Senhor Orgasmo, sua hora ainda não chegou pelas mãos desse canal, para tristeza das mulheres.

Muito papo faz brochar

Gente, *hello!* Para tudo tem de haver a dose certa. Tem cara que se intelectualizou tanto, que ficou tão atraente no campo mental, que acaba falando demais e sendo pouco efetivo na hora de encantar uma mulher. Para os megaintelectuais, é preciso encontrar a exata medida entre papo (mente) e físico (corpo). É evidente que as mulheres não querem ser atacadas por um compulsivo sexual, nem tampouco querem ficar só no papo com um pretendente. O conveniente é intercalar sua narrativa com pitadas de elogios, gracejos, cantadas sutis para que a moça fique com vontade de você inteiro, e não só da cabeça de cima. Adoro atender intelectuais. Em uma época eu brincava que iria montar uma unidade da *A2 Encontros* na Unicamp (Universidade de Campinas), de tanta gente que casamos por lá. O homem intelectual dá certo com a mulher intelectual, muito papo e pouco fogo. Porém, os intelectuais enlouquecem com as fogosas. Se as fogosas são seu alvo, melhor reduzir o papo e agir mais, botar pilha no físico.

Traição: sexo é uma coisa, amor é outra

É fato, homens e mulheres já traíram mentalmente. Porém, fisicamente, segundo dados de um estudo sobre a vida sexual dos brasileiros, feitos pelo instituto ProSex, de São Paulo, 25,7% das mulheres e 50,6% dos homens já tiveram um caso extraconjugal fora de um relacionamento estável (namoro firme, noivado, coabitação ou casamento). Sim, é verdade! O homem consegue transar e não se envolver emocionalmente (mesmo porque se envolver emocio-

mais sabor, prazer e sabedoria para a sua vida e para a vida do casal. Uma dica valiosa: a mulher está tão atarefada que anda com a cabeça quente e os pés gelados. Primeiro, o corpo precisa estar com a cabeça fria e os pés quentes; portanto, esquente os pés dela e, antes do sexo, aqueça os pés da mulher com massagens, carinho e beijinhos.

História da vida real

Uma cliente da agência saiu algumas vezes com um pretendente muito mais velho que ela. Eles não transaram na época do *affair*, porém, mais tarde, ela o encontrou novamente. Os dois conversaram longamente e foram parar na casa dele. Ela estava cheia de intenções e expectativas. O papo estava ótimo. Afinal, o homem era mais velho, culto e bastante inteligente. A coisa foi esquentando e, quando chegaram ao quarto, ele se despiu e mostrou a ela que estava com ereção, e disse que muitas vezes tinha ereção só de pensar nela. Mesmo um pouco constrangida com a situação explícita, ela ficou feliz com o entusiasmo do moço e ficou esperando para ver o que rolava, que preliminares ele teria para oferecer, já que se mostrava tão fogoso. Ela contou que ele mostrava o corpo e dizia da felicidade de estar com ela, mas não a tocava. Ela se aproximou e ele mostrou que tinha intenções que ela fizesse sexo oral nele, ou que ela deixasse que ele a penetrasse. Gente, como assim? Sensibilidade zero! Que homem é esse que não sabe que a mulher só esquenta com preliminares emocionais e físicas? Pois, é, muitos não sabem, ou acham que preliminar é beijar um pouco na boca. Não é difícil imaginar o que aconteceu, não é? Ela se mandou, pegou as roupas, pois já estava nua, e foi embora. Mas, antes de sair, ainda teve de ouvir do cidadão que ela não sabia nada de sexo, como ele tinha imaginado. É mole? Coitado, mal informado, agimos depressa! Contatamos o moço para participar de uma

Orgasmo clitoriano: esse acontece com o estímulo ao clitóris. É o mais *"pop"* dos orgasmos, já que o homem tem maior facilidade em estimular, e a mulher, em sentir. Cuidado para não machucar, é uma área ultradelicada.

Orgasmo vaginal: acontece para menos mulheres, porque, para que elas o sintam, é necessária uma habilidade superior do homem para ajudá-las a alcançar esse orgasmo. O orgasmo vaginal pode acontecer no ponto G (com masturbação ou com penetração), ou no fundo do útero.

> **Orgasmo do ponto G:** para que aconteça o orgasmo do ponto G, é preciso que o homem estimule esse ponto primeiramente com o dedo, em movimentos circulares, e bastante (se a mulher já souber onde é, pela masturbação, poderá ensiná-lo). O ponto G está localizado na parede de entrada da vagina, do lado "de frente" da mulher, a uma distância de uma falange de dedo. Com essa estimulação, o ponto G aumentará de volume e se tornará uma protuberância. Nessa hora, a mulher poderá sentir muitas ondas de calor e prazer. A seguir, pode acontecer a penetração, que será sentida pela mulher como um profundo prazer. Inicialmente, quando se toca o ponto G, há um "guardião", e por isso pode haver um desconforto, apenas por um instante, como uma vontade de urinar. É bom sinal, é aí mesmo, o guardião está na porta; porém, depois que passa, a mulher acessará o portal do prazer contínuo. Os orgasmos múltiplos, daqueles que viram os olhos, são dessa categoria, e vêm em ondas intermitentes dos pés à cabeça.
>
> **Orgasmo vaginal de fundo do útero:** é quando há uma penetração profunda, com estocadas repetidas que provocam um movimento do útero todo, causando intenso e profundo prazer. Poucas mulheres sentem esse tipo de orgasmo, pouquíssimas. Muitas mulheres gostam de ficar em cima dos homens para terem, simultaneamente, o orgasmo clitoriano e o orgasmo de fundo de útero.

Que papo bom, não é? Orgasmos, humm, que coisa prazerosa!! Eu não conheço nada melhor que amor e sexo sagrado. Mantak Chia, um mestre taoísta na arte do sexo, ousou. Ele comparou o amor sublime e o sexo divino ao chocolate e ao café. Uhuu! Endorfina e estimulante. Sabido esse mestre! O homem pode ler livros interessantes, experimentar e ousar variações. Toda experiência nova levará

culina. O homem acha que o que importa para a mulher é o tamanho do pênis, e ele se preocupa em pensar que transar com grande variedade de mulheres vai melhorar seu desempenho. O desempenho sexual de qualquer pessoa só melhora se a pessoa melhorar quem ela é, e como ela é e age. Veja bem: as questões orgásticas estão ligadas, em primeiro lugar, à sua possibilidade física. Se você se sente cansado, e nem consegue andar com a energia de seu próprio corpo, não terá grandes desempenhos no sexo. Se você não tem energia para dar, não tem jeito de seu desempenho ser interessante. Nesse caso, se quiser melhorar seu desempenho é preciso melhorar a disposição e a condição física.

Mas nem tudo está perdido. Se você não tem aquele preparo e nem disposição física, mas é um homem que nutre estados amorosos elevados (como, por exemplo, gostar de cantar, fazer poesias, tocar um instrumento, falar amorosamente, brincar de amor, ter vocabulário próprio e cumplicidade) poderá sim ter uma ótima transa, pois poderá acionar seu estado amoroso e colocá-lo em troca com a parceira. Uma transa assim é maravilhosa, é uma transa amorosa. O homem pode beijar afetuosamente a mulher, acolhê-la, acordá-la com uma massagem nos pés, ser cavalheiro, gentil, atencioso, e isso tudo é doação de amor. Isso para a mulher e para o casal pode ser super orgástico e prazeroso também.

Os orgasmos da mulher

A mulher pode ter orgasmos de diferentes tipos, em diferentes lugares. Até na palma da mão, acredite! O homem tem de entender, em primeiro lugar, que enquanto sua energia e sensibilidade sexual estão ali, no "triângulo das bermudas", a energia sexual da mulher está espalhadas em centenas de pontos pelo seu corpo. Enquanto o homem deveria pegar no corpo da mulher as senhas do próximo movimento, para a mulher é simples agradar o homem: se for ao falo, terá certeza de agradar. Por isso, é diferente esquentar a máquina até azeitar toda a engrenagem feminina, e ligar as turbinas do homem. Aqui falo um pouco sobre os orgasmos mais habituais da mulher:

> **Orgasmo de uretra:** é a primeira possibilidade de orgasmo da mulher. Ele acontece quando a mulher é tocada na entrada da uretra, o local por onde sai a urina. É o orgasmo da menina que pressiona o papel higiênico quando vai enxugar o xixi e sente cooooisas. São os primeiros prazeres sexuais de menina. Esse pode ser o primeiro orgasmo de uma transa, por exemplo.

ouvido, mexa nos cabelos e na cabeça, para que ela se sinta amada. Desça para o pescoço e fique na dança e no pescoço, no verbo apaixonado e poético.

Depois que perceber um grau de excitação que corresponda, siga em direção aos seios, acaricie toda a circunferência; o melhor é vir de fora para dentro. *Não* aperte os mamilos. Para tocar os seios de uma mulher, comece de fora, fazendo círculos bem amplos e depois vá aproximando o movimento em espiral até chegar à parte escura da aréola. Fique volteando aí por bastante tempo. Só quando o prazer estiver fortíssimo, você deverá tocar ou chupar o mamilo. Você pode fazer esse ritual com os dedos ou com a boca, e sempre pergunte à sua parceira se ela está sentindo prazer com o toque. Pode variar a intensidade do toque de uma mulher para outra. Umas gostam de muita intensidade e outras de pouca intensidade.

Depois, vá para a barriga, fique na barriga da mulher, no seu útero sagrado, perceba por aí a usina de energia feminina dela, e depois de muito tempo aí, percebendo suas reações da mulher, siga, vá descendo... Quando chegar àqueeaele lugar, pule para os pés e joelhos, depois suba tudo novamente com a mesma calma, delicadeza e prazer. A parte interna das coxas é bem excitante para as mulheres. Esse tipo de culto ao prazer é o ideal para ampliar e reforçar a ligação do casal. O homem deve entender que todo esse toque deve ser de doação. O homem precisa doar sua energia para encher o recipiente da mulher, antes de penetrá-la. Conforme o homem vai agradando, a mulher vai se abrindo. Se o marido não agrada e vai direto querendo tocar as partes genitais, indo direto à penetração, certamente a mulher não se sentirá realizada, e ambos terão uma relação mais mecânica. Há homens que se doam apenas para conquistar a mulher e depois são bem individualistas. O homem deve ser generoso e atencioso; o contrário é muito pobre, medíocre. Você deve se esforçar para sair do mecânico, exercite! A típica "rapidinha" é boa, porém não traz aprofundamento e desenvolvimento sexual. As relações não evoluem com profundidade sem o cultivo disso, e para isso é preciso tempo, paciência e atenção. Lembre-se sempre deste mandamento secreto com que vou lhe presentear sobre a arte do tocar as partes íntimas da mulher: quanto mais sutil, mais profundo.

Tamanho realmente importa?

É impressionante a quantidade de homens que atendo que têm a mesma mentalidade. Quero tirar agora uma paranoia da cabeça mas-

porre sim, de desamor, insegurança, raiva e medo. Na hora do sexo, acontece uma mistura muito forte entre as duas partes, e se você nem conhece a pessoa, que tipo de energia vai se misturar à sua? Se sua intenção é adquirir maior consciência das suas ações e evoluir, perceba o quanto aquela transa poderá lhe custar. O fato é que uma transa desavisada pode lhe gerar uma doença ou uma felicidade incrível. Você pode perceber tudo isso antes de transar. Se perceber que a mulher está aberta e feliz, é uma coisa; se ela está amuada e rabugenta, é outra coisa; se está orgástica e animada, é outra coisa ainda; se está pensativa, será também diferente. Perceba! Se puder ir além, perceba que toda dança sexual abrirá um portal no cosmo. Que tipo de portal se abrirá ao transar com essa mulher? Maravilhoso pensar nisso, não? Amplia a consciência. Estamos em tempos de reconhecer a união do corpo ao espírito.

Proponho uma prática: sente-se frente a frente com sua parceira, fixe seu olhar no olhar dela, primeiro apenas em seus olhos, ficando a 50 centímetros de distância, depois a 30 centímetros, e depois a 10 centímetros de distância, e descubra as diferentes faces que aparecem para você. Você verá o rosto dela se modificando. Tente atingir o estágio em que vocês se sentirão iguais, uma imagem unificada. Sinta, abrace, elogie. Essa é uma prática que conecta o casal com o amor universal por intermédio da contemplação, arte que os intelectuais apreciam muito (Contemplar = com-templo). Depois de contemplarem-se nessas três distâncias de olhar, aproxime sua face à dela e grude nariz, testa, queixo, olhos, e depois as bocas, em um beijo. Meu conselho a casais que querem se manter é dar um certo número de abraços e carinhos específicos, para fazer o que chamo de sexo curativo.

Condução sexual da mulher

Vejo que o homem tem muita dificuldade em perceber as vontades da mulher na hora da transa. Uma condução sexual pode ser interessante para um, mas não para o outro. O homem imagina e fantasia muitas coisas que gostaria de fazer com as mulheres, porém, ele não pode achar que a transa é só dele. Opa! Peraí. A transa é dos dois, lembra? O homem tem de saber fazer a leitura sexual da mulher antes de levá-la para a cama. O homem deve começar o contato com a mulher pelos ouvidos (a senha sexual da mulher é auditiva, lembra?). Elogie, fale sobre coisas belas. Aos poucos, vá se aproximando, até sentir que o movimento do corpo dela está mudando. Acompanhe seu movimento, fale delicadezas, sussurre no

Homem colaborador

Quando o homem evolui, ele percebe que só pode competir consigo mesmo, e aí ele se torna interessantíssimo e muito atraente para as mulheres. Ele passa a ter o objetivo de ser uma pessoa melhor a cada dia, e essa é a chave dos homens bem-sucedidos e ricos nas relações a dois. O homem percebe que tem de incrementar a relação, colocar energia nela, assim como coloca em sua empresa e em si mesmo. Esse é o delicioso homem colaborador, que vive lado a lado da mulher, com cumplicidade e respeito no jogo da vida com sua parceira. Forma com ela conexões em todos os níveis, de forma brincalhona, sexual, saudável, amorosa, mental, com força, energia e comunhão de valores e amores!

O novo homem e o sexo

Para ter um estado orgástico forte é preciso cultivar um estado emocional alto. Se o homem não nutre o mundo emocional, não poderá ter orgasmos intensos, já que, para isso, é preciso unificação do físico e da emoção. Para ampliar seu estado orgástico é preciso que você trabalhe arduamente na sua capacidade emocional. Um executivo que vive atarefado, com mil compromissos, agenda lotada, viagens, etc. pode trabalhar seu estado emocional, por exemplo, escutando músicas românticas, pensando em belos momentos de amor, vendo filmes românticos, cantando no carro, no chuveiro. Dando vazão às emoções, ele pode mandar flores, cortejar, sentir o coração bater forte, viver altas emoções. Para o sexo e o orgasmo acontecerem de forma intensa, é preciso criar estados emocionais elevados. Pratique seu lado emocional algumas vezes ao dia. Essa, também, é uma prática que deve ser incorporada ao cotidiano. Quando há emoção, a mente trabalha e impulsiona o físico. Porém, se não há emoção, não tem jeito, o sexo e o orgasmo se enfraquecem.

Sexo de corpo e alma

Uma dica: espere ter no mínimo admiração pela mulher, ou, melhor ainda, amor, para se relacionar sexualmente com ela. Muitas vezes, você transa com uma pessoa e, no dia seguinte, está com uma tremenda rebordosa, como se tivesse tomado um porre. E é

sintonia do casal cooperativo já nasceu em muitos países. No Brasil, muitos casais se sustentam com o salário de ambos, a mulher cuida dos filhos pela manhã e o marido dá um *help* à noite, ele ajuda na casa, faz compras no supermercado, ela consegue tempo para se cuidar, e os dois conseguem dividir as tarefas de igual para igual. Os dois têm condições de fazer tudo e, por isso, se alternam e dividem os afazeres da casa e dos filhos com consciência e amor.

Essa colaboração acontece mais com casais com desenvolvimento intelectual alto. Com eles, a cooperação se torna clara. Que tipo de competição pode haver entre um homem de 50 anos e uma mulher de 35, 40, ou 50 anos? Aparentemente nenhuma, não é? Ou que competição pode ter uma mulher de 35 com um homem de 20? Cada um está em uma fase da vida e, por isso, a cooperação se torna natural. Aos 20 anos, uma pessoa poderá ser tudo, tem a chance de ser. Aos 30 anos, já é ou não um profissional. Aos 40 anos é uma pessoa bem-sucedida ou não. A necessidade de ter dez mil horas de dedicação para se tornar um bom profissional também diz respeito ao cultivo amoroso. Não se dá bem nas relações quem não tem esse tempo de estrada.

ser competitiva. Conseguimos encontrar no banco de dados da agência uma moça ideal para ele. Como? "Vendemos" a sensibilidade dele e fizemos que ele entendesse que deveria tirar proveito de seu conhecimento musical para encantar, cantar e seduzir. Acordá-la cantando uma música romântica, compor canções para ela, entre outras coisas. O homem músico é muito querido, tem uma grande sensibilidade, e isso é necessário atualmente para o homem se relacionar bem com a mulher. Esse é um homem que tem grande aceitação no "mercado" atual.

Homem cabeça

Esse homem gosta de um bom papo e procura mulheres inteligentes também. As mulheres o adoram, porque a mulher quer mesmo a cabeça do homem (assim como a cabeça de João foi oferecida à rainha Salomé). Esse desejo é o símbolo do que acontece com as mulheres. Elas adoram ouvir o homem falar sobre si, sobre sua vida, querem partilhar e trocar mentalmente, conversar sobre tudo. Esse tipo tem grande chance de, com paciência, conquistar a mulher que ele quiser. Porém, ele deve entender que sua força está na possibilidade de enlouquecê-la com lindas palavras, versos, histórias, etc., porque, na primeira instância, a senha de acesso sexual feminina é auditiva. Ele deve utilizar essa ferramenta da "boa fala" também na hora H, porque pode proporcionar muito prazer com isso. Esse homem, em geral, não costuma ser de pegadas físicas fortes, porém, no papo, ele é imbatível. Em geral, esse homem anda acompanhado de moças doces e amorosas. Um pensador.

O homem cooperador

O homem que ajudou a mulher a viver a nova vida de multitarefas ganhou a simpatia e a admiração de todo o grupo feminino. Já que a essência feminina é colaboradora, a mulher vê com muito bons olhos esse tipo de homem que coopera. Aliás, você vai entender que essa é uma nobre característica que vem surgindo no novo homem. A

papéis. O perigo dessas relações vem de fora, vem do julgamento social de familiares e de amigos que acham que a inversão é um absurdo. Se isso contaminar o casal, a culpa aparece nesse homem e nessa mulher, e aí relação acaba. Por isso eu digo: vamos aceitar o amor, independentemente de nossos conceitos de organização social. Precisamos desse foco neste atual momento histórico. Focar no amor para que o amor exista.

Homem dançarino

Esse homem é legal. Dança e tem essa magia que encanta as mulheres. Vive rodeado delas e curte a possibilidade de poder afinar o passo com sua parceira. Os famosos pés de valsa têm o charme e o romantismo a seu favor, pois afinam o passo na dança e o ritmo na cama.

História da vida real

Recebemos na *A2 Encontros* um músico. Ele nos disse que seu ofício lhe trazia dificuldades para arrumar uma parceira; afinal, vida de músico é na "noite", trabalham à noite em boates, bares e afins. E qual mulher consegue segurar essa onda? Ele já sabia que o problema era a falta de compreensão da mulher quanto ao seu trabalho. O que acontecia? Ele começava a namorar, porém, saía para trabalhar à noite, todo arrumadinho, e a reação da mulher era sair na cola dele, porque queria a companhia dele e não queria ficar em casa sozinha. Ele trabalhava e ela assistia, meio desencaixada, a todo aquele cenário de paquera típico da noite. Na maioria das vezes, ele era acusado de fazer graça ou de dar bola para essa ou aquela fã mais entusiasmada. Era a noite do ciúme em gotas, e cara feia na cama. E quando a namorada era mais entusiasmada, ficava rodando no salão com outros parceiros, para ver se ele terminava tudo aquilo e iam para casa. Outras vezes, notava que a moça saía de casa para

troca fraldas do bebê, escreve uma bela canção, toca belamente um instrumento... Homens: aventurem-se! A era das metades da laranja já passou. Agora é tempo de colheitas fartas, de laranjas inteiras. De homens inteiros.

Homem sensível

Os homens que sentiram as mudanças femininas foram inteligentes. Já que as mulheres assumiram uma postura mental e intelectual, o caminho que os homens inteligentes encontraram para conseguir se relacionar com elas foi se sensibilizar. O homem "antenado" se tornou mais participativo, intuitivo e sensível. Mostra disso é o aumento da aparição e o sucesso dos homens no mundo da culinária, da dança, da decoração, da estética e das artes. Atualmente, percebo que o homem mais sensível e com o potencial emocional e intuitivo acionado alcança maior êxito ao se relacionar. A grande revolução pessoal que mulheres experimentaram ao desenvolver sua força e intelecto pode ser alcançada pelos homens quando eles se propuserem a desenvolver suas potencialidades sensíveis, amorosas e criativas. Já cantava Pepeu Gomes: *"Ser um homem feminino, não fere o meu lado masculino..."*. Os homens, mais recentemente, também sofreram variações e metamorfoses comportamentais que mereceram destaque pelo mundo afora. Apareceram os visualmente modificados, como os metrossexuais, e megassensíveis, como os *übersexuais*.

Homem do lar

No século passado, era impossível imaginar uma mulher sustentando a casa e um homem cuidando do lar. Pois bem, hoje já podemos ver estruturas familiares sustentadas financeiramente pela mulher e coordenadas pelos cuidados do homem. O IBGE diz que cresceu muito o número de mulheres casadas que são chefes de família. Em 1996, havia 9,1% de mulheres casadas que proviam o sustento da família, e esse número saltou para 20,7% em dez anos, ou seja, em 2006. Homens aparecem no cenário atual assumindo os cuidados do lar, enquanto a mulher trabalha fora para custear os gastos da casa. Nesse novo tipo de estrutura familiar, a mulher desempenha suas qualidades "masculinas" fora de casa, e o homem suas qualidades "femininas" dentro de casa. Porém, quando os dois estão juntos, podem se encaixar nessa nova formatação e divisão de

CAPÍTULO 4

O novo homem

Tendo o homem potencializado seu tripé de encaixe – **força**, **poder** e **inteligência** – é hora de se reconhecer como um ser amoroso e emocional também. Esse é o homem inteiro, o novo homem. O homem, para se movimentar, relacionar-se e prosperar de acordo com as mudanças do planeta, deve dar um *upgrade* no seu sistema. Além da sua essência masculina potencializada de força, poder e inteligência, ele deve desenvolver suas qualidades "femininas" para se tornar inteiro e multifacetado. Essa será a primeira revolução masculina da história! Flexibilidade, sensibilidade e criatividade! Esse é o desafio do novo homem: conseguir transitar com sucesso no seu mundo masculino, e também mundo feminino, cercado de fluidez, emoções e criações. Para os relacionamentos afetivos ficarem em sintonia, é preciso virar essa chave no homem. Ele precisa cooperar com a mulher, e não competir com ela. Essa é uma dica valiosa que serve para as relações da atualidade.

O homem conectado com as mudanças femininas coopera com a mulher trocando fraldas e dando banho nas crias, colaborando com a casa, na cozinha, elogiando a mulher. O novo homem ajuda a mulher no que aparecer, participa da vida familiar com alegria e bom humor. Se é para brincar no parque, ok. Se é para jogar dominó, ok. Se é para ir a uma festinha, ok. Se é para ficar em casa, ok. Se há um tempo para fugir só os dois, ok. Se o casal tem de atender as crianças, ótimo também. Farão de sua vida um prazer, prazer por estarem na luta da vida juntos, serem cúmplices e isso basta.

Esse homem já existe, eu sei que sim (afinal, ajudo diariamente homens nesse despertar). Ele tem sensibilidade para manter os relacionamentos, coopera com sua parceira, partilha o controle remoto,

diretivos, enquanto as mulheres são gerenciais. Enquanto a mulher vê mil coisas, mil detalhes, o homem enxerga precisamente um só. Olha a complementaridade aí novamente!

O sexo é mental

Pense: se você vir uma mulher interessante, começará já a perceber seu movimento e a ficar encantado com sua presença. Com certeza, já começará a ter ideias do que gostaria de fazer com ela, das posições sexuais, ideias de transas e tal, vontade de pegar, beijar... Esse fluxo de pensamentos acaba sendo enviado, em forma de sinais, para a outra pessoa. A transa começa na mente de um, que depois sinaliza a intenção, que vai para a mente do outro. Quando os dois já se "comeram" na mente, começam a vir à tona as emoções. Em breve, a transa chega ao físico. É assim ou não é? Nossa mente é sexual. Se você conhece uma pessoa na rua, e chega em casa e conta para a sua parceira que conheceu uma pessoa interessantíssima, em primeiro lugar sua parceira perguntará se essa pessoa é homem ou mulher. Em segundo lugar, se é atraente ou não. Por último, se é comprometida com outra pessoa. Perceba que todas as perguntas são sexuais: sexo, idade sexual e estado civil. Por que a idade também é sexual? Porque, dependendo da idade, a pessoa transa ou não. Se você disser que a pessoa é linda, engraçada, inteligente e, depois disso, disser que se trata de uma menina de oito anos de idade, tudo bem. Seguramente, não oferecerá risco de ir para a cama com ela. Mas, se disser que a tal pessoa sensacional é uma mulher de 30... Xiiiiii, olha o sincerocídio aí!! A conversa vai esquentar.

Inteligência

A mulher quer a cabeça do homem SIM!!! As mulheres continuam gostando de homens inteligentes. Inclusive, é importante que os homens saibam que a senha de acesso sexual da mulher são os ouvidos. Elas ficam caidinhas quando o homem tem cultura, muitas histórias para contar, poesias para dissertar e curiosidades fascinantes. Já ouviu falar daquele papo: *"Ele é feio, mas é tão charmoso, tão atraente"*. É exatamente isso! Muitos homens ganham o páreo porque são bons de papo. Portanto, encante as mulheres pelos ouvidos!! Saiba o que dizer. Impressione a mulher com sua lábia e repertório intelectual.

Você gosta de ler? Existe algum tema que o fascina? Consegue penetrar no mundo das artes e discutir algum conhecimento novo e encantar sua dama com sua sabedoria? Quando um casal tem a conversa afinada, gosta de conversar e de trocar ideias, pode saber que a possibilidade de separação é remota, porque, no longo prazo, é a cabeça que segura a relação. Depois que o tesão e o calor dos primeiros anos de relação tendem a amornar, o que contribuirá para o casal ficar plugado é a qualidade das conversas. Haverá tempos em que o casal estará bem, então haverá sexo; em outras vezes, o sexo ficará escasso, porém, como a relação está acima do sexo, está na mente, tudo ficará bem.

Como a inteligência é mental e esse é um atributo de polaridade masculina, para o homem, em tese, seria mais fácil desenvolver essa habilidade. Ele pode e deve contribuir com a noção de tempo e espaço na vida a dois. É ele quem olha o relógio e quem dá o ritmo. É comum as mulheres com muita essência feminina "viajarem na maionese", perderem-se nas ruas, nos caminhos, nos horários. No sentido biológico, os homens são mais conectados com tempo e espaço, são mais organizados e mais

masculina e vir do homem, portanto, são afazeres em que os pais ganham muita energia e um momento gostoso de se relacionar com os filhos. Pode favorecer o envolvimento familiar, é uma boa prática!

Ser ativo

Estando sempre em movimento, envolvido em alguma atividade (seja um esporte, o conserto da fiação da casa, a horta, a brincadeira com os filhos, etc.), o homem consegue reforçar dois de seus princípios básicos: a força e o poder. Para o homem, a atividade física é mais que vital. É sexual também. Isso porque o exercício melhora a circulação sanguínea, que torna o corpo mais oxigenado, mais vivo, mais viril, e, portanto, com maior capacidade sexual. Se você tem uma barrigona, certamente está comprometendo a comunicação entre a cabeça de cima e a cabeça de baixo. Pode ter certeza que, mais cedo ou mais tarde, a cabeça de baixo estará desligada do resto do corpo e não corresponderá mais às suas expectativas. Trate de diminuir essa barriga! É muito importante ter fôlego, ar, boa respiração para se relacionar. Alguma atividade aeróbica é interessante também para manter o desempenho.

cadastro, querendo outra moça para conhecer. Fico pensando que essa história de dinheiro para fazer operações plásticas e ficar com a aparência externa mais jovem é relativa, porque fica o engano de que a pessoa é jovem apenas por causa da aparência. A juventude é outra coisa. Principalmente, é a abertura, o estado de possibilidades amplas, o permitir atirar-se e, ainda, o cultivo das emoções fortes. Imagina se fosse um mocinho bem jovem nesse caso que contei. Ele atravessaria fronteiras dirigindo seu carro, feliz da vida, com a emoção bombando, para encontrar a amada. Homens são guerreiros, e os verdadeiramente jovens de espírito têm disponibilidade, corpo ativo e vontade de ir à luta. Por isso, eu digo: não se iluda com a aparência física, com a operação plástica. Antes desta, faça uma plástica emocional e mental. Veja o resultado, e, se ainda precisar da operação plástica física, então faça só se realmente precisar.

Dinheiro

É incrível a questão financeira atualmente. Muitos homens querem, conscientemente ou não, que suas parceiras se sustentem financeiramente para não terem mais a necessidade de serem provedores únicos. Até aí, ótimo. As mulheres também gostam e querem essa liberdade financeira. O fato é que o homem fica assustado quando percebe o quanto a mulher dá conta de mil atividades com êxito. Quando a mulher quer colocar pilha no homem, querendo que ele também desempenhe mil atividades, ele pode se sentir mal, impotente. Nesse caso, o conselho mais sábio pode vir de sua própria mulher, afinal, ela está completamente por dentro de como está sua vida e pode aconselhá-lo sobre o que pode fazer para ficar mais ativo. O ideal é o casal sentar para conversar sobre esses ajustes. Importante é o homem saber que, quanto mais ativo se tornar, mais próspero ficará. Sabiamente, as mães colocam os filhos para brincar ativamente com os pais, para empinar pipa, andar de carrinho, jogar bola, lutar, etc., porque a energia de atividade forte e física deve ser

gostam muito não. As mulheres instruídas, da classe média para cima, têm sua própria condição financeira. Por isso, optam por homens mais interessantes, que sejam mais do que uma conta bancária. Se percebem que o homem é pão duro com elas, perde a graça, porque as mulheres com situação financeira boa são mais generosas consigo mesmas, com o cuidado com elas, e com todos os que elas cuidam ao redor. Disse a ele: *"Bom, vamos lá. Vou lhe apresentar as candidatas selecionadas para você. Vamos analisar de qual você vai gostar mais"*. Estávamos vendo as fichas das moças pelo sistema do computador. No final da história, ele gostou de uma moça 14 anos mais jovem que ele, e que aceitava conhecer homens mais velhos. Ótimo. Enviamos o perfil dele para a moça, e ela disse que sim, que poderia encontrá-lo e conhecê-lo pessoalmente. Eu disse: *"Agora é com você. Ela mora numa cidade vizinha. Mande um motorista buscá-la, prepare umas flores para o primeiro encontro e siga com alto astral. Mostre que é generoso e faça elogios"*. *"Mas como posso namorar alguém que mora a cem quilômetros da minha casa?"* Respondi: *"Namorando, ué! Você tem condição financeira para quê? Coloque à sua disposição os serviços da vida moderna, meu amigo"*.

Como foi difícil fazer esse cidadão enxergar que é pão duro mesmo! Ele ainda não percebia o milagre que era aquela moça 14 anos mais jovem, bela, com bom nível sócio-cultural, e que tinha interesse em conhecê-lo! Não enxergou nada, e achou ainda que poderia ter milhares dessas caindo pelas tabelas. Ai, ai, ai, dá um trabalho ser cupido! No final das contas, se encontraram, levaram em frente o romance por algumas semanas, porém, o *affair* acabou terminando mesmo pela distância, segundo ele disse. Agora estou com ele de novo no

História da vida real

Outro dia atendi um cara *multimilionaire*. Esteticamente, ele era até feinho, não era um tipo interessante, fazia alguns exercícios físicos, e seu assunto preferido era falar sobre dinheiro. Não tinha sensibilidade artística, não sabia contar piadas, nem fazer uma mulher rir. Ele tinha muito dinheiro em aplicações e estava muito bem financeiramente. Estava a procura de uma mulher que não gostasse apenas do dinheiro dele. Perguntei o que ele tinha de apaixonante para que eu pudesse falar para sua pretendente. Aí ele disse: *"Sou um homem de respeito e bem-sucedido, tenho ética, sou organizado e não aparento a idade que tenho"*. Maravilhoso tudo isso, realmente interessante, porém, toda essa bagagem e currículo despertam mais interesse no mercado de trabalho do que no mercado amoroso. Insisti e perguntei ao moço: *"Quero saber se você sabe dançar, se gosta de poesias, faz uma mulher rir, entende de orgasmos femininos, é um bom parceiro nos momentos difíceis, se poderá ajudar a mulher se ela precisar, se sabe cultivar uma relação e tem tempo para isso. Isso sim é importante para uma mulher"*. É lógico que as mulheres querem um homem confiante, respeitoso, ético e honesto, com certeza. Mas não é essa a questão. A questão é que elas querem mais que isso também. A mulher tem preferido ficar sozinha a estar com um companheiro sem atributos interessantes. E isso não acontecia no passado. O poderoso disse que sempre esteve ocupado com sua vida financeira. Então eu lhe disse: *"Se é isso o que você conquistou, é isso o que você tem para oferecer. Se tivesse conquistado um belíssimo corpo, teria o belíssimo corpo para oferecer. Se conquistou uma condição financeira superior, deve colocá-la à disposição de sua futura esposa, ou então, de que valeu toda a sua jornada? Conquistou tudo isso para quê?"*. Quando digo isso para os homens, percebo que eles não

Na agência, percebo que o homem que está de bem consigo mesmo e é seletivo sempre percebe características positivas nas mulheres que lhe são apresentadas. É gentil, receptivo e bem humorado. Diz que poderia conhecer todas aquelas mulheres, que se interessaria por todas elas; porém, ainda espera aparecer uma pessoa com x ou y qualidades que ainda não encontrou. O homem forte é naturalmente mais corajoso, disponível, solícito. Propõe-se a desempenhar tarefas e é protetor por consequência. Você deve estar pensando: *"As mulheres dizem que não precisam de um homem que as proteja"*. Sim, eu sei disso. Atualmente, a mulher se tornou independente e não necessita de um homem assim nem assado. Algumas dizem que até preferem ficar sozinhas; porém, quando encontram um homem com qualidades masculinas definidas, mudam de opinião e querem estar acompanhadas dele. No momento em que a mulher tem alguém que a ajude com força e proteção, isso sai dos ombros dela, e facilita sua vida. Essa é uma boa cooperação que pode acontecer para afinar a dança entre homens e mulheres atualmente.

Poder

A mulher prefere um homem poderoso, assim como um homem prefere uma mulher bonita. Por quê? Isso é uma questão de biologia, de natureza. O homem prefere a mulher bonita porque a beleza significa saúde, capacidade reprodutiva, bons genes. Sem a beleza, o homem não sente atração sexual (perde a "paudurescência"). A mulher prefere um homem poderoso e rico porque isso significa competitividade, capacidade de reprodução e de sustentar a prole, ou seja, bons genes também. Faz parte da biologia do homem e da mulher. Nem todas as pessoas têm essa consciência clara, mas é assim. Chega desse papo de que as mulheres são interesseiras e só pensam em dinheiro, cartão de crédito, blá, blá, blá. É mais sábio compreendermos que cada um tem seu código biológico. Se a mulher tem de se manter bela e formosa para que o homem se interesse por ela, o homem também tem suas tarefas. Ou não? Se você é um homem super próspero, tem muito dinheiro e quer que a mulher goste mais de você do que do seu dinheiro, a primeira coisa que tem de fazer é se destacar em outro setor, qualificar-se em outra característica sua e desenvolvê-la mais que a financeira. Captou? Uma dica: aceite sua característica pessoal positiva e utilize-a em seu favor. Use todas as suas potencialidades.

A pessoa doente acha que consegue disfarçar seu estado para os outros, mas só a própria pessoa que não se dá conta. Um terapeuta, um psicólogo ou um profissional que atende muitas pessoas (como nós) claramente percebe quando alguém não está bem. Nós vemos os outros sempre, seus rostos, expressões e sensações externas aparentes. Podemos disfarçar para nós, porém, o "corpo fala", como dizia o mestre Pierre Weil. O corpo vai dando todos os sinais de seu estado, mas apenas alguns sabem ler. Foi assim, recuperado, depois de apenas um mês de exercícios e doses diárias de endorfina, que ele começou seu *Insight* naquela noite. No total, foram apresentadas para ele quatro moças, ele tinha dez minutos de conversa reservada com cada uma, e, para minha surpresa, ele gostou de três. Escolheu uma primeira para conhecer melhor, inicialmente. Isso tudo foi uma mudança incrível, em apenas um mês. Ele veio de uma negativa grande de 90%, para uma aceitação de 75%. Incrível!

Endorfine-se

Precisamos de doses diárias de endorfina. Temos de recarregá-la todos os dias. Devemos eliminar as toxinas acumuladas durante o sono, começar as manhãs cuidando da limpeza do corpo (tomar um copo de água em jejum é muito bom) e colocá-lo para funcionar com alguma prática física (em geral, a corrida é uma boa indicação para os homens. Consulte seu médico). Percebo claramente que quando o homem empreende essa rotina, seu humor muda, e seus estados físico, mental e emocional ficam leves e diferenciados. Você já ganhou o dia hoje? Tomou sua dose de endorfina? Está gostoso e se gostando? Esse potencial de atração do homem é fundamental para que ele se sinta bem e esteja atraente. Se você está se gostando, irá gostar de um monte de gente e, como consequência, muita gente vai gostar de você. Tire da cabeça a ideia de que você é exigente e que não gosta de ninguém. Tem muita gente (homens e mulheres) pensando isso atualmente. Essa exigência toda é falta de amor próprio, na maioria das vezes. Uma pessoa seletiva é completamente diferente da que se diz exigente.

que ocorria exatamente com esse moço, se ele era tão bonito e interessante? O rapaz estava se tornando um "reclamante" de nossa empresa e pensou em desistir do contrato. Opa! Decidi conhecer o rapaz, pois queria entender melhor o caso. Agendei uma reunião com ele na unidade de São Paulo. Ele tinha 28 anos, ótimo papo, era engenheiro de formação, tinha sobrenome de peso, era simpático e bastante bonitão. Um tipo alto e corpulento. Conversando, percebi que ele estava trabalhando muito, mais de dez horas por dia. Ele tinha conseguido um emprego em sua área profissional e pretendia crescer, porém, o trabalho exigia muitas viagens, e ele estava cansado de tanto dirigir, comer em lugares diferentes todos os dias, estava sem cuidado nenhum com sua vida, corpo e alimentação. Ele me contou que, nos finais de semana, se sentia muito triste e sozinho.

Perguntei se ele praticava alguma atividade física. Ele respondeu: *"Não estou fazendo nada, não consigo por falta de rotina, local fixo e tempo"*. Orientei-o a começar o dia fazendo uma limpeza de seu corpo e de sua mente, praticar alguns exercícios físicos pela manhã e comer muitas frutas. Passou a correr todos os dias de manhã, puxava alguns pesinhos, fazia yôga, algumas séries de exercícios e alongamento. Fui acompanhando o desempenho dele por telefone e, dali a um mês de práticas diárias, ele voltou para o próximo *Insight*. Quando chegou à agência, seu astral já era outro. Todos notaram que estava mais simpático e receptivo. Sentamos para conversar, e ele me confessou que estava ficando depressivo com a rotina antiga, e que não havia me contado na época para não me assustar. Foi então que abri meu sistema e mostrei a ele seu diagnóstico feito pelas psicólogas: início de depressão! Ele riu: *"Você sabia é? Percebeu tudo? Que engraçado, pensei que não dava na cara assim"*.

vou indicar uma série de exercícios físicos diários para ativar sua força, vitalidade e macheza. Também não adianta nada você ser um ultra-mega-*mass*-bombadão com corpo superforte e ser preguiçoso, ficar deitadão, esparramado no sofá o final de semana inteiro. O sangue precisa circular, a energia precisa ser ativada para gerar transformações. Saiba, homem, que a força física ativada se transforma em vi-ri-li-da-de. A questão do corpo físico forte e ativo para o homem está diretamente ligada ao seu potencial de ter orgasmos. Uma ereção prolongada exige do corpo uma boa irrigação e circulação sanguínea. Por isso, manter o corpo ativo beneficia a saúde e ajuda a manter sua virilidade. Portanto, amigo, as mulheres querem um homem forte para acompanhá-las e se sentirem protegidas, e, que ainda possa proporcionar uma noite romântica e viril. Percebeu que não dá mais para ser sedentário, né? A atividade física deve ser desempenhada pelo homem, porque ele ganha potência com isso, e fica mais forte e masculino.

História da vida real

Soube por minha equipe do caso de um jovem que tinha ingressado no cadastro de minha agência. Feitos os testes psicológicos de costume, ele apresentou um princípio de estresse, e, para conhecer as mulheres de seu perfil, optou pelo sistema que chamamos de *Insight*, no qual há apresentações "cara a cara", pois se considerava muito exigente. Durante algumas semanas, frequentou os *Insights*, mas nunca se interessava por nenhuma moça. Ele reclamava, dizia que a agência não tinha entendido o que ele queria. Nove candidatas que ele havia escolhido recusaram-se a conhecê-lo melhor. O

Em meus atendimentos, utilizo um conhecimento milenar para reconectar o homem à sua essência. Percebo que os homens que acessam esse conhecimento dão um salto quântico em sua vida, mudam a consciência que têm de si e de suas relações. Esse conhecimento fala sobre as supercapacidades genuínas do ser humano. Homens e mulheres possuem uma tendência biológica distinta, porém complementar, que respeita a lógica da criação da vida. Quando se respeita essa lógica da vida, tudo se encaixa.

Força

Força é virilidade. Força é potência. Os homens já devem ter percebido que conseguem caminhar e correr com maior habilidade, carregar peso, aguentam as intempéries com mais garra que a maioria das mulheres com quem convivem. Se pegarmos um homem e uma mulher de compleição física compatível, os dois mais ou menos do mesmo tamanho e medidas, perceberemos que, na maioria das vezes, o homem tem mais corpo para suportar esforços físicos. É uma tendência natural da lógica da vida. O corpo do homem tem mais músculos e menos massa gordurosa e, ainda, maior tônus e força em geral.

As mulheres querem homens fortes sim! Segundo dados de nossos arquivos da agência, 94% das mulheres trazem essa característica à tona quando dizem que preferem homens mais altos e fortes que elas. Quando a mulher tem um homem forte como companheiro, ela se sente protegida, é comum se ouvir isso. E se o cara não for muito alto e nem muito forte? Está perdido? Não, meu amigo. A força necessária, hoje em dia, para satisfazer uma mulher, não é mais a força bruta para a caça. A força também pode ser atribuída a um corpo ágil, ativo. Vale lembrar que a força de vontade é muito importante também sempre. Homem "cozido com batata", sem ânimo para nada, é de doer. Carregar a bolsa da mulher, as compras, mostrar disposição, vitalidade, trocar lâmpadas, fazer exposição da sua atividade física, jogar bola, suar a camisa para montar um armário, tudo isso entra no quesito de reconhecimento da força masculina e encanta as mulheres, porque se tornam mais másculos. Fazer alguma atividade física diária é necessário ao homem; ele se torna mais másculo com isso. Se conseguir fazer essa prática de manhã, terá um rendimento ainda maior.

Quando um homem chega até mim, para um atendimento, todo murchinho, sem vitalidade, com cara de pasmaceira, seguramente

CAPÍTULO 3

Cultivando a essência masculina

Desde sempre, sabemos que as características potenciais mais marcantes dos homens são a **força**, o **poder** e a **inteligência**. Já na infância, os meninos demonstram essas características, seja na competitividade nos esportes, nas brincadeiras mais ativas, nos testes de força, e, de uma forma ou de outra, sempre evidenciam essas três qualidades. Ser amoroso e criativo só aumenta as qualificações do homem, mas o fundamental para atrair um relacionamento amoroso com uma mulher fantástica é, sem dúvida, a evidência das características genuinamente masculinas. Muito além de agradar as mulheres, potencializar essas qualidades másculas aumentará consideravelmente sua autoestima, e ampliará suas oportunidades de sucesso em todos os setores da sua vida.

Neste capítulo, falaremos sobre o tripé da essência masculina e das principais características que os homens devem ter para resgatar sua essência, ser mais másculos e encantar as mulheres de hoje. Os homens eram minoria nos cursos de autoconhecimento e de desenvolvimento relacional. Atualmente, percebo que uma boa e qualificada safra tem chegado aos meus cursos e workshops movidos pela vontade de acertar o passo na vida pessoal e afetiva. Isso é fantástico! Os homens que se propuseram a se autoconhecer perceberam uma clara diferença na sua qualidade de vida, pois se conectaram com o funcionamento do corpo, das emoções e da mente do masculino e do feminino. Com essa consciência, adotaram novas posturas e começaram um novo tempo em suas vidas. Ficaram maravilhosos e maravilhados com a possibilidade de relações mais inteiras, prósperas, seguras e íntegras.

Meu objetivo ao expor esses tipos é questionar, apenas isso. É claro que são perfis exagerados, até caricaturas, mas servem de alerta para um reconhecimento de personalidade. No momento em que alguém se identifica ou não com cada tipo, vai se autoconhecendo e traçando seu próprio perfil pessoal. Todos têm todos os vidrinhos, todos os ingredientes, todas as tintas, dentro de si. Algumas cores, ou seja, algumas características, estão vazias nos vidrinhos, e outras cheias, agora, neste segundo. Porém, amanhã pode ser diferente. Se você conseguir começar o dia já com a percepção de seu diagnostico diário, já sabendo com quais tintas você está ou queria estar, e o que vai fazer para melhorar naquele dia, já será maravilhoso. Vá conferindo os tipos e questionando você mesmo: Sou assim? Não sou assim? Concordo ou discordo? Conheço um cara assim ou não conheço? Queria ser assim ou não queria? Será que tenho um pouco dessas características?

Porque se uma mulher não pede nada de carinho, e não reclama de nada que você faz, no dia em que resolver reclamar vai pedir o divórcio de uma vez só. E isso poderá ser uma bomba para você. Minha dica: fale sobre esse assunto com ela com naturalidade. Se o homem dá espaço para a mulher se abrir com ele, ela ativará as mudanças sexuais dela e do casal, porque ela pode recriar a relação, ela tem esse poder. Se o homem souber colaborar, incentivar, perceber e compactuar, a mulher recriará e reinventará para prosseguir. O homem dá energia e a mulher transforma, e essa pode ser uma colaboração de sucesso.

Solteiro convicto

O homem solteiro pode ser decidido e interessante, se ele for claro nas relações e deixar explícita sua vontade. Pode se tornar metódico, constante e previsível, ou pode se tornar bagunceiro e indisciplinado. São as duas faces do solteiro. Quando conheço esses tipos, percebo que as mudanças constantes das mulheres atordoam sua calmaria, e eles preferem o dia a dia rotineiro. Por um lado, ficam sem o espelho de uma mulher para poder ter uma evolução mais profunda nos relacionamentos; por outro lado, se envolvem com muitas mulheres e podem entrar em mudanças constantes, se forem profundos com cada uma delas. Existem pessoas que querem ser solteiras, que não querem mais casar. Ok, pode ser um novo estado.

ele quer transar de manhã, eu transo e faço todo o mise en scene rápido para que ele ejacule rápido e eu possa prosseguir no meu dia em paz. Penso: pronto, acabou minha obrigação do dia". Eu perguntei: *"Mas como você se sente nessa relação?"* E ela: *"Sinto pressa, é tudo muito rápido, fico apreensiva com o filho no outro quarto e nem chego a me concentrar. Já me acostumei dessa forma".* Insisto: *"Mas você não sente orgasmo?".* Ela: *"Já tive uma vez com um namorado antes dele, e uma vez com ele logo no começo, quando ele e eu ficávamos horas namorando no motel".* Eu: *"Mas você já tentou encontrar espaço para dizer que não está rolando, que não está tão bom para você quanto gostaria, e pedir uma ajuda a ele?".* "*Ah não, de repente ele fica a fim de novo e quer transar em outra hora do mesmo dia, e aí piora para mim. Prefiro deixar assim."*

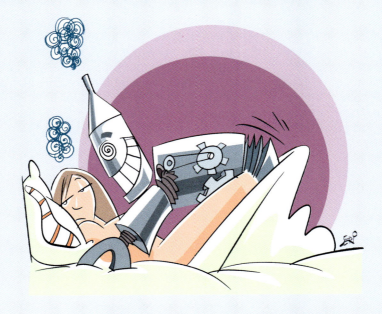

Vixxxxeeee!!! Quantas mulheres estão com homens insensíveis, enlatados, herméticos, que não têm noção do que elas sentem? Eu conheço várias esposas de insensíveis que não têm coragem de levantar a bandeira e dizer que não estão satisfeitas e que querem mudar sua vida sexual. Amigo, se você se percebeu enlatado, "Sai da lata João!!". Chegue perto da sua parceira e perceba o que ela está sentindo. A mulher que está conseguindo se realizar sexualmente vai informando ao homem das mudanças de seu corpo e estado, e o homem vai mudando junto com ela. Experimente, faça essa troca.

de forma cristalina, sem rancores ou mal-entendidos. Você recebe o que dá. Então, dê consideração e respeito e receberá o mesmo. Não precisamos nos esconder de alguém com quem tivemos um momento de intimidade. Ao contrário, podemos terminar uma relação falando sobre os pontos fortes e fracos, e isso dará consciência para o outro e para nós mesmos. Esses homens com frequência me perguntam o que dizer para as mulheres que não querem mais. Eu digo que o melhor é dizer que esperava outra química, já que é o tempero sexual desejado que não combina com o resultado de ligação obtido, na maioria dos casos.

Homem beija-flor

Esse tipo de homem beija muito, beija todas que aparecem na sua frente, e escolhe as que facilitam as "pegadas" durante as sessões de beijos. De tanto beijar, alguns perdem a sensibilidade e ficam com a técnica. Muitos não têm coragem ou bagagem para se aprofundar nas relações, ou não querem "perder tempo" com isso no momento. Por estarem desconectados da sensibilidade, muitos não conseguem reverter a situação, e se tornam desconfiados, acham que todas as mulheres são superficiais como eles, e perdem a confiança. Vale lembrar que beijar é muito bom. O beijo é o termômetro de uma relação. Se o casal continua a se beijar, mesmo depois de anos de relação, tudo indica que, pelo menos afetiva e sexualmente, tudo caminha bem. Quando, além de beija-flor, o homem é conectado, espiritualizado e espirituoso, ele se torna apaixonante. Torna-se um Don Juan desejado e fascinante.

Homem insensível

Há uma história engraçada, para não dizer trágica, de uma mulher casada com um homem insensível. Ela dizia para mim: *"Todo dia*

História da vida real

Só para dar um exemplo, outro dia um tipo "filhinho da mamãe" se inscreveu para um workshop em minha agência, em que há vivências feitas aos pares, homem e mulher. Já estava em cima da hora para o workshop começar, e o cinquentão filhinho da mamãe, diretor de uma grande empresa, não chegava. O problema, nesses casos, é que se o mancebo não aparecer, uma mulher sobra sem par. Todos são avisados na inscrição, e, portanto, para alguém faltar, só sendo algo seriíssimo. O telefone tocou, as funcionárias atenderam, e depois me contaram que ele teve a pachorra, com 50 e poucos anos, de pedir para a mamãe telefonar e dizer que o bonito não ia!!! O que será que um tipo desses atrai? A insegurança que está plantando nas pessoas, com certeza. Temos que de compaixão e dar consciência.

Homem "que dá perdido"

Esse tipo é muito comum (e as mulheres sabem disso). É aquele que "dá um perdido" em todo mundo, ou seja, ele some. Começa algo com alguém e some, não telefona, não dá satisfação. Simplesmente some. Na maioria das vezes, some depois da relação sexual. Quando é forçado a dizer algo para a mulher, diz que não está a fim de nada sério. Muitos homens inscritos na agência dizem isso. Mas como? Estão em uma agência de casamentos e não querem nada sério? O pior é que dali a três ou quatro meses, essa mulher poderá vê-lo namorando firme ou comprometido com alguém. Por isso, indico que sempre se termine as relações

conseguir tirar o bebezão da casa da mamãe, o sexo tem de ser a-vas-sa-la-dor. Somente assim esse homem conseguirá forças para deixar a casa da mãe para encarar a vida a dois, com uma mulher com a qual terá de partilhar o dia a dia em colaboração. É possível. Pode dar certo sim. Tenho colaborado em muitos casos desse tipo. O homem toma uma decisão quando a mãe morre, ou quando a atração sexual pela mulher é brutalmente forte. O caso da sexualidade é mais raro do que da mãe, porque, em geral, esse homem não é dos mais seguros nessa área, não é do tipo "gente que faz", já que ele aprendeu que alguém sempre fará por ele. Em questões sexuais, é um tipo passivo, em sua maioria. Um homem passivo na cama com uma mulher é difícil dar certo, a não ser que a mulher seja bastante ativa e o ataque. Em geral, todo homem começa a relação movido por sua vontade sexual, e isso o deixa ativo o suficiente para esquentar a máquina da mulher, o que requer um bom tempo de atividade preliminar. Ou seja, esse filhinho da mamãe é, muitas vezes, chamado de homossexual pelas mulheres, mas geralmente não é de fato. Porém, sua estrutura passiva dá essa impressão. Por outro lado, se ele experimentar uma relação homossexual com um homem bastante ativo, poderá gostar. Ou seja, muitas vezes, o filhinho da mamãe é inseguro, tem muitas dúvidas, e fica em cima do muro. Poderá cair para qualquer lado ou transitar entre os dois.

Homem velado

O homem velado é aquele que não está vendo claramente sua vida sexual. Ele anda com prostitutas continuamente, e por isso acredita que uma namorada ou pretendente deva servi-lo social, amorosa e sexualmente. Ele acredita que as mulheres "normais" que conhece não estão felizes e não gostam dele. E é verdade, não gostam mesmo, ele não faz nada para que elas

gostem. Ele acha que a simples presença dele basta para uma mulher ficar excitada, ele está com a visão velada pela fantasia dos bordéis. É evidente que a mulher fica esperando alguma manifestação de agrado, um elogio, mas ele logo acha que ela não serve, porque não sente tesão por uma mulher "normal". Para ele, é mais confortável "comprar" uma encenação com "companheiras" sempre felizes, que gritem com altos orgasmos, que o achem lindo e poderoso na cama e superinteligente. Na minha vida de cupido, esse tipo de homem é o único com o qual nunca obtive resultados positivos. Vai um alerta: mães e pais, cuidado com a iniciação sexual de seus filhos. Amor e sensibilidade devem permear todo o processo do crescimento sexual da criança, desde a primeira infância até a iniciação sexual, porque, depois dessa fase, ficará difícil estabelecer esse código ético relacional, que relaciona sexualidade com amor. O homem velado é cego, não enxerga a sexualidade geral de forma clara, e sim parcial, e deixa a sexualidade separada do amor.

O filhinho da mamãe

Esse homem tem uma forte e arrebatadora relação com sua mamãe, e, em geral, ainda mora com ela. Ele pode ter 20 ou 50 anos, a mãe faz tudo o que o marmanjo quer, lava, passa, cozinha, cuida dele como se ainda fosse um bebê. Para a mulher, é impossível competir com os tratos da mãe, já que está chegando agora. Para a mulher

esse homem tem de se dar bem na relação amorosa é se ele conseguir deixar a moça apaixonada primeiro para que depois ela descubra que ele é o famoso *pão*, só que duro! Um alerta aos pãezinhos: perceba aí dentro de você, bem no fundo, quais são as ideias e os conceitos que existem e que o deixam tão pão duro. São problemas de pobreza vindos da infância? São inseguranças por terem faltado subsídios no passado? Tudo isso tem cura, viu? É muito mais fácil do que você imagina, e recomendo procurar um especialista da mente e emoções. E urgente.

Homem estátua

Esse tipo tem se apresentado da seguinte forma: é maduro, super bem-sucedido, inteligente, tem uma ótima aparência, é bastante exigente consigo e, na busca pela parceira, quer uma mulher linda e interessante. Até aí, tudo bem. Porém, no momento em que a relação começa, ele não dá nadinha para a mulher, não dá presentes, não dá atenção, nem carinho. Ele não se doa, não se entrega a ponto de ter aquela bobeira boa da paixão. Tem cara de controlado, aprendeu a fazer aquela cara de árvore no mundo dos negócios, e acabou se tornando assim nas relações, com poucas emoções. Estátua. Outro dia atendi um cliente desse tipo. Perguntei o que ele havia feito para encantar a moça, já que ele estava saindo com uma mulher bem mais jovem que ele, porque assim ele desejava. Ele disse que saíram. Perguntei sobre flores, passeios requintados, viagens juntos... ele disse que ainda não era o momento, que ele queria que a moça gostasse dele sem ter de mostrar sua fortuna (ai meus deuses, de novo essa história!!!). Expliquei que todo relacionamento é troca. Se a moça estava dando a ele sua beleza e juventude, o que ele iria dar? Se durante a vida toda ele correu atrás de *status* e dinheiro, seria isso o que ele teria para oferecer (porque tanto grilo com isso, homens?!!). Portanto, você que tem dinheiro, mande seu motorista buscar a moça, chame para viagens inesquecíveis, e aproveite para doar o que você tem. Certamente receberá muuuuito em troca da sua amada. Mas se o dinheiro, em vez de ser para usufruto benéfico, tornar-se desconfiança e desconforto, para que o dinheiro?

Homem pão duro

Existe um tipo que atravessou os séculos e continua vivo e atuante. É o homem pão duro. Literalmente uma dureza! A mulher e as pesquisas internacionais de comportamento afetivo já descobriram que se o homem é pão duro com dinheiro, é também pão duro com amor. A mulherada que sabe disso não dá chance para esse tipo. Somos um uni-verso, ou seja, um verso único. O pão duro faz as contas de tudo, do dinheiro ao tempo de carinho que doa. A única possibilidade que

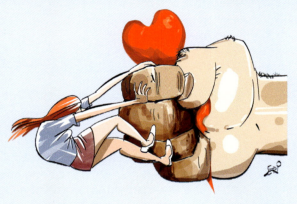

Atenção! Homem pão duro com dinheiro é pão duro com amor

Uma pesquisa realizada na Grã Bretanha, divulgada em janeiro de 2009, concluiu que homens mais ricos dão mais prazer às mulheres (afffe!!!). Segundo os autores da pesquisa, o resultado deve-se a uma "adaptação evolutiva", que faz com que as mulheres instintivamente selecionem seus parceiros de acordo com sua percepção de qualidade. O orgasmo serve para selecionar machos com base em sua qualidade, e, assim, os ricos seriam os mais cotados. A influência do nível de renda sobre a frequência de orgasmos parece ser ainda maior que outros fatores, como simetria corporal ou atratividade, apontados em estudos anteriores.

frequente grupo de amigas, etc. Esse comportamento está relacionado à insegurança que esse homem sente em relação ao novo posicionamento social, sexual, mental, físico e financeiro da mulher. O resultado desse confinamento forçado sempre é desastroso para a relação. A mulher aprisionada poderá adquirir doenças físicas e emocionais. Porém, ainda existem mulheres que se deixam aprisionar pelos maridos ou parceiros. Normalmente, são mulheres que não possuem uma profissão e que não podem se sustentar sozinhas. Quando a mulher possui uma profissão, ou alguma forma de ganhar seu dinheiro, se ela estiver insatisfeita, seguramente ela sai da relação. Pode demorar, mas ela se cansa e deixa o marido, na maioria das vezes. Muitas mulheres, ainda, são emocionalmente prisioneiras, e sabem que a relação é nociva para elas, mas acham que não conseguem ficar sem esse homem.

Vou contar a história real de um homem desse tipo. O cárcere desse que cito é privado e finíssimo. Olha só: ele quer uma mulher que possa acompanhá-lo aonde quer que ele vá, o tempo todo. A pretendente tem de ter todos os atributos de uma *lady*. Tem de ser bonita, inteligente, e ele quer que ela seja feliz com seu trabalho. Ele tem ótima condição financeira, tem muitos negócios no Brasil e no exterior. É uma pessoa cativante e especial, e quer alguém que o acompanhe e que seja livre para isso. Expliquei ao magnata que, se essa mulher for feliz com o trabalho dela e tiver todos esses atributos, dificilmente irá querer uma pessoa que a faça largar tudo o que construiu para ficar à disposição dele. Disse que seria melhor buscar uma pessoa que não esteja tão realizada profissional e financeiramente, porque assim poderia ser mais disponível para ele. Mas aí... ele não quer, porque acredita que ela vai se interessar somente pelo dinheiro dele. Aí eu pergunto: de que vale ter tanto dinheiro acumulado se há medo de partilhar, e as relações se tornarem perigosas e duvidosas por causa do poder?

pode ser boa, ótima até. Porém, há que se entender de fases e mudanças. É uma onda, e, portanto, existem altos e baixos, inconstância. A própria movimentação é prova de que a energia na relação pode ser melhor que a pasmacera. Se há ocupação, há energia e empenho. Se não houver movimento entre o casal, talvez não valha a pena ficar junto. Se o homem não fosse um banana e ajudasse a mulher, ela teria tempo para se depilar, para se cuidar, dançar, ouvir uma música romântica e, assim, ter seu corpo físico e emocional preparado e com vontade de transar. Se você tem uma mulher que vive estressada, reclamando de dor de cabeça, ou que não tem tempo para nada, analise se você não é um homem banana.

Homem dividido

Surgiu, também, o homem dividido. Ele está dividido e quer dividir tudo. Divide as contas, os afazeres, faz e refaz mil vezes as contas da casa, e se percebe que naquele mês contribuiu mais que a mulher, faz questão de falar sobre o assunto e evidenciar quem deu mais. Ele acha que tudo tem de ser justo, e justiça para ele é divisão milimétrica. Para o homem partido, a vida ficou difícil, porque ele entendeu apenas a metade da história. Se você é um homem dividido, saiba: a mulher quer sim dividir tudo, mas ela não deixou de ser mulher e quer ser cortejada também. Mesmo em meses de alta ou baixa financeira. Para uma vida a dois, é preciso largar as divisões e se doar por inteiro. O que é meu é seu, e tudo é nosso, neste aqui e agora. Ter essa sensação é importante.

Homem carcereiro

Existem homens que, por medo de traição sexual ou da independência da mulher, ainda tentam agir como os homens de antigamente, e aprisionam a mulher dentro de casa, submetendo-a ao seu modo de vida, não permitindo que ela estude, faça cursos,

construção ao seu gosto, e, depois de pronta, tomou posse. A posse é o pagamento que ele cobra por tudo o que ele proporcionou a ela. Essa mulher fugirá desse homem assim que puder, e, com certeza, procurará um homem que lhe dê amor, atenção e carinho.

Homem banana

Nesse cenário de novos papéis e posturas, surgiu um monte de homens banana. É o homem que quer dividir suas tarefas e obrigações com a mulher, porque sabe que ela aguenta o tranco, mas não desenvolveu nem assumiu nenhum papel para ajudar sua parceira. Ela continua fazendo o que fazia (cuidar da casa, da família e dos filhos) e mais a metade do que ele fazia sozinho, ou seja, trazer dinheiro para casa. Ele vê a mulher correndo como uma louca, e ele fica na frente da TV, curtindo a vida e o reinado. Não é de se mexer, é mole, e, em geral, é mais gordo. Aos sábados e domingos, quer descansar, e se joga na sala para seu repouso, enquanto a mulher se vira com a cozinha, a casa e os filhos. Ele não sabe ajudar na casa, não sabe consertar nada, e quando está em casa, precisa descansar. O homem banana tem sempre uma mulher acumulada, estressada, e que não quer fazer sexo com ele. E a última saída que ela tem é a greve sexual. Ela tenta a greve sexual para ver se, com isso, ele vai se mexer em casa para ajudá-la.

Aqui coloco um aparte. A mulher deve fazer greve sexual sim. Sabe por quê? Porque quando uma mulher classifica um homem de banana, pode saber que a falta de tesão virá, mais cedo ou mais tarde. Sendo assim, antes disso acontecer, a mulher pede água, para de se relacionar sexualmente com seu parceiro, e não se machuca emocionalmente, até que a situação se restabeleça e haja admiração novamente para que o tesão possa retornar à relação. Se a mulher explicar que está fazendo greve sexual e apontar o motivo sem ofender, porém acreditando nele, o homem pode melhorar e a mulher volta a admirá-lo. As pessoas têm de entender que a onda amorosa

que eu soube disso, acabei reencontrando o ex-marido dela, meu amigo pessoal, no clube que frequentamos em Campinas. Batemos um papo e notei nele o desânimo com a ideia de a ex-esposa ter se tornado uma empresária. Ele não engoliu aquilo, não pelo fato de competir com ela financeiramente, mas pelo fato de competir com o tempo que ela dedicava aos novos afazeres. Ele queria que o tempo dela fosse dedicado somente a ele. Ele competia com o tempo que ela dava atenção à filha, e começou a competir com a atenção que ela dava ao trabalho dela. Ele estava tão descompensado que chegou a verbalizar que tinha desconfianças de que ela tinha um caso na academia, pois trabalhava demais. Não sei se tinha ou não, nem vem ao caso. O fato é que ele se tornou competitivo e chato, passou a cobrar a atenção da esposa em vez de incentivá-la e de colocá-la para cima, de dar energia. Assim, ela retribuiria.

Homem cobrador

Ele diz: *"Dei a você dei tudo do bom e do melhor. Você estudou à minha custa, cresceu profissionalmente, está linda porque paguei sua cirurgia plástica, fiz você assim. Agora você é minha. Vai ficar ao meu lado"*. Afffe, o que é isso?! Esse tipo de homem trata a mulher como se ela fosse um terreno que ele adquiriu, onde erigiu uma

mulheres aceitam e entram na competição masculina, ficando mais "machas" que eles. Depois de tanta competição desnecessária sob o mesmo teto, não são raros os casos de mulheres que aniquilam a hombridade de seus maridos, até um ponto insuportável e sem retorno. Daí, pedem a separação, pois a admiração escoou pelo ralo e o amor saiu para o jardim.

Competir com os filhos

Outro caso clássico do tempo das cavernas é essa história de o homem competir com o filho depois que nasce. Isso é antigo, porém ainda vemos um monte de casos por aí. Conheço uma moça que teve trigêmeos (affffe, imagina a dedicação dessa mãe com as crias?) e o marido largou dela depois de quatro meses que os filhos nasceram. Ele alegou que ela estava louca e que não tinha tempo para ele. Parece piada, né?

História da vida real

Há um caso que aconteceu em nossa agência com um cliente. Apresentamos a esse homem uma linda parceira, com quem ele se casou no final dos anos 1990, e, depois, a esposa dele voltou a nos procurar, alegando que havia se separado dele. Novamente, ela se inscreveu na *A2 Encontros* e voltamos a trabalhar com ela, que estava então com 35 anos. Ficou casada por nove anos e teve uma filha, que estava com 6 anos. Começamos novamente a apresentá-la aos homens. Quando ela se casou pela primeira vez, não trabalhava, tinha uma vida de jovem solteira, filha de pais ricos, e apenas se dedicava a dar aulas de pintura e danças para crianças, mais como *hobbie*, que virou profissão. Ela dançava e era muito linda. Depois do casamento, a coisa apertou com os negócios dele, e ela foi se desenvolver profissionalmente para ajudar, e acabou abrindo uma escola de dança. Tornou-se uma pequena empresária e, rapidamente, foi melhorando sua condição, até que estava realmente com um negócio rentável e promissor. Estava bastante realizada na carreira profissional, e, assim que isso aconteceu, acabou perdendo o marido. Depois

transformação feminina, cooperaram com essa mulher dos dias de hoje e estão felizes e cooperativos. De qualquer maneira, o homem precisou mudar. E um grande número de novos tipos de homens, diferentes daqueles de antigamente, surgiram nos novos tempos.

Tipos de homens de hoje

Homens competidores

Lá atrás, no tempo das cavernas, o homem competia com tribos rivais para se manter vivo e para aumentar seu poder. Depois, o homem passou a competir para conquistar um cargo profissional ou para ganhar uma disputa esportiva. Ok, até aí, sem problemas. O fato é que, inconscientemente, a competição chegou às relações afetivas. Recebo muitas reclamações de mulheres que falam que seus parceiros competem com elas quando acontecem conversas sobre salários, projetos, cargos, aplicações de dinheiro. Outras vezes, a competição aparece quando o casal quer tratar da educação dos filhos. Percebo que os homens que optaram por competir com as mulheres se deram muito mal. A competição a que me refiro é a predatória, aquela que submete. Afinal, o homem encontra uma mulher para casar e promete. Casa e se compromete, e depois de casado submete. Sempre "mete".

Muuuuitos homens passaram a competir com suas parceiras! Acontece com maior frequência com casais de mesma faixa etária. A competição chega de forma silenciosa, quando o homem passa a se sentir inseguro com o crescimento e a condição social da mulher, e ele então deprecia as atividades e os projetos dela. A competição fica bem clara e forte quando ele debocha das conquistas dela, apagando sua luz. Com a competição predatória, o casal passa a brigar por tudo, pelo controle remoto, pela escolha do restaurante, pela escolha do caminho, pelas regras da casa, pela educação dos filhos, e assim vai. Quanto mais tempo ficam juntos, mais há briga pelos mesmos motivos. Também percebo que, muitas vezes, as

CAPÍTULO 2

O homem de hoje

As constantes conquistas femininas foram desencadeando alterações sociais muito amplas, que atingiram não só o homem, mas a formação das famílias e toda a sociedade. A possibilidade de ser independente financeiramente jogou a mulher nos estudos e a catapultou para o trabalho, a fim de se sustentar e sustentar a prole. Ao longo dessa jornada, o homem foi constatando que aquela mulher com características femininas, com habilidades amorosas, relacionais, culinárias, decorativas, criativas e serviçais foi sendo substituída por uma mulher "moderna", com características mentais, habilidades financeiras, desenvolvimento intelectual e físico. Com o passar dos anos e das décadas, o homem observou que essa mulher foi conquistando e avançando em um espaço que antigamente pertencia somente a ele. E como ele agiu?

O homem das antigas, que era provedor, homem com H maiúsculo, macho, ficou perdidinho. Ficou sem saber para aonde ir. Virou des-viado, trans-viado ou abre-viado? Não!!! Por que será que isso aconteceu? Por que as mães se tornaram mais masculinas e fragilizaram seus filhos? Por que as mulheres fragilizaram seus homens com sua machisse total? O fato é que o homem assistiu pela janelinha as mudanças das mulheres e não soube qual banco ocupar depois que a poeira baixou. O homem ficou perdido com a reforma social e enfrentou uma crise existencial. Muitos afrouxaram, outros se fragilizaram, muitos saíram do armário e se assumiram gays. Alguns homens tiveram outro comportamento e entraram em competição com a mulher. Outros verificaram a mudança feminina sexual e se serviram de novas possibilidades sexuais mais livres. Mas alguns, já a uns passos à frente, além de admirarem a

com a mulher e com os filhos. Era próximo, mas nem sempre era íntimo no sentido de colaborar com os tratos e cuidados das crias. O homem conversava com os filhos, mas não compreendia muito bem suas fases, e aí a mulher fazia o meio de campo entre o pai e os filhos, e se ocupava dessa tradução de opiniões e gerações. Porém, na grande maioria das vezes, sem que o homem percebesse, sua mulher estava insatisfeita com a situação, quieta e sozinha em um canto de sua casa. Muitos homens-machos-dominadores submetiam e sufocavam suas mulheres, e tiravam sua liberdade, tomando-as para si sem oferecer contrapartida humana que as confortasse. Tirando partido de sua dependência, muitos homens abusaram de sua condição e submeteram a mulher, que, sem a opção de divórcio ou separação, resignavam-se em sua infelicidade. Essa condição, aos poucos, minou esse modelo tradicional de relação conjugal, e esse esquema começou a ruir.

A insatisfação e o descontentamento femininos, somados à sua inquietação, foram criando um vulcão dentro das Amélias. E sem que seus maridos vissem direito, ele entrou em erupção. Quando deram por si, as mulheres estavam nas ruas, queimando sutiãs, tomando pílulas anticoncepcionais, frequentando escolas e universidades, trabalhando fora e proclamando sua liberdade. De uma forma aparentemente abrupta para os homens, mas que veio gradativamente para as mulheres, uma verdadeira revolução social ocorreu. A Amélia mudou, transformou-se, foi embora, e, com um grito de basta, mudou o mundo para sempre. Seu marido ficou atordoado, perdido, balançado, revoltado, e teve diversas outras reações inesperadas. Porém, viu-se em uma situação diferente, e, alguns homens antes, outros depois, perceberam que também precisariam mudar para reencontrar a mulher.

ter. Da moça desejava-se que ela chegasse virgem e pura ao altar, para o qual caminhava em seu branco vestido virginal, mas do rapaz esperava-se (e até exigia-se) experiência sexual, que ele ganhava geralmente em prostíbulos e com as "mulheres da vida", antes e, bem comumente, também durante o casamento.

Finalmente casavam-se, e a vida começava com funções claramente dividas. Os homens sustentavam as mulheres e proporcionavam uma vida de acordo com suas posses e dentro das suas possibilidades financeiras. Cuidavam dos negócios e traziam dinheiro para casa. As mulheres, com suas habilidades femininas, se encarregavam de cuidar e manter um lar aconchegante, apoiando a masculinidade do marido, e tornando assim a vida da família confortável, calma e constante. Nessa configuração, a mulher era responsável pela vida relacional, amorosa e social da família, além da criação e educação dos filhos.

Se esse homem era macho? Era sim senhor, e isso tinha lá suas vantagens. A primeira, e principal, era realmente a possibilidade de a mulher poder se dedicar às relações familiares, e a cuidar dos filhos, da casa, dele e do relacionamento do casal, já que o sustento ficava a cargo dele. Quando o homem chegava em casa, de um dia cansativo e massacrante de trabalho, sua querida esposa estava linda, arrumada e perfumada. Ela já tinha deixado suas roupas limpas, passadas e dobradas dentro do armário, já havia providenciado a limpeza e arrumação da casa, já havia cuidado para que a despensa estivesse cheia, e o cheiro agradável do jantar recém-preparado recendia no ar. Ela recebia o marido com sorriso e doçura, tirava seus sapatos e paletó, fazia com que se sentisse confortável em sua poltrona predileta, e o servia como a um hóspede. Com isso, ele se sentia o rei da casa, e, de fato, era.

Os homens dessa época tinham certeza de que, enquanto estavam trabalhando, na rua, suas esposas estavam em casa cuidando dos milhares de afazeres, tinham certeza de que, com o trabalho da casa e dos filhos, a mulher não teria tempo para pensar em outra coisa. Nesse tempo, tudo era feito à mão, não havia congelador, comida pronta, forno de micro-ondas, *delivery* ou qualquer outra facilidade. Nem máquina de lavar existia direito. Imagine o trabalhão das mulheres? Quando estava em casa, esse homem percebia o movimento e se sentia feliz e confortável ao ver sua esposa dedicada aos filhos, às necessidades gerais de arrumação da casa, à cozinha, às roupas e à limpeza. Ele tinha orgulho de ver aquela mulher trabalhando muito, assim como ele sabia que seu dever era ir para a rua e trazer o sustento desse lar. Em casa, o marido era como uma visita a ser servida, o rei provedor, reprodutor. Em casa, o homem era muito respeitoso

carreira, alguém batia em suas costas, lembrando-lhe de que um homem casado era bem mais respeitado na sociedade. Então, ele partia para a busca de sua Amélia.

Ele escolhia sua Amélia dentre as moças mais próximas, das famílias da vizinhança ou das famílias que circulavam em torno da sua família. Escolhia a esposa por seus predicados de mulher, como beleza, educação, habilidades criativas e prendas domésticas, amorosidade para com os outros, e por seu comportamento social. A moça deveria ter o potencial para ser uma boa esposa, recatada e submissa, que acompanhasse o marido e soubesse ser sua companheira, e também que se mostrasse ser uma boa parideira e mãe. O flerte e a paquera aconteciam comumente na praça, nos bailes ou nos encontros sociais e familiares, e o homem abordava a moça que lhe interessava e que também demonstrava interesse.

O namoro acontecia no portão da casa da moça, depois na varanda, e, quando já estava mais "sério", na sala de estar, sob certa vigilância familiar para que nenhum "sinal fosse avançado". Vinha o noivado, formalizado entre as famílias e perante a sociedade, e nesse período, enquanto a noiva completava seu enxoval, ele tratava de garantir um bom pé de meia para iniciar a nova vida. Durante o namoro, não havia contato sexual entre o casal via de regra, a não ser alguns "pegas" desajeitados que o desejo não conseguia con-

CAPÍTULO 1

O homem de antigamente
(o marido da Amélia)

Ai que saudades da Amélia
Mário Lago e Ataulpho Alves

Nunca vi fazer tanta exigência
Nem fazer o que você me faz
Você não sabe o que é consciência
Nem vê que eu sou um pobre rapaz

Você só pensa em luxo e riqueza
Tudo o que você vê você quer
Ai, meu Deus, que saudade da Amélia
Aquilo sim é que era mulher
Às vezes passava fome ao meu lado
E achava bonito não ter o que comer
E quando me via contrariado
Dizia: "Meu filho, o que se há de fazer?"
Amélia não tinha a menor vaidade
Amélia é que era mulher de verdade

Até a metade do século XX, o típico homem brasileiro mediano era o que podia ser chamado de "marido da Amélia" (Amélia era "a mulher de verdade", como diz canção). O marido da Amélia era o homem (ou aspirava a ser) pai de família, profissional estabelecido, provedor, o legítimo macho responsável e cabeça da família, completamente encarregado da vida financeira do lar, e que respondia pela esposa e pelos filhos. Os jovens eram educados para ser esse homem, e os adultos respeitáveis tinham esse perfil. O homem de antigamente era educado para a vida profissional e também para o casamento. Estudava bastante, formava-se, adquiria uma profissão e ia à luta estabelecer-se em seu trabalho. Logo no início de sua

te livro, o conhecimento que utilizo, com muito êxito, nessa minha missão de semear e ampliar as possibilidades do amor no mundo. Há 20 anos, fundei uma agência de relacionamentos com o objetivo de profissionalizar e organizar, de forma corporativa, esse meu dom de unir pessoas. Hoje, a *A2 Encontros* é a maior agência de relacionamentos do Brasil e tornou-se referência em todo o país. Com nossos serviços, colocamos milhares de pessoas em frente à sua alma gêmea para viver um grande amor. Este é meu ofício nesta vida: unir casais e ajudar as pessoas a cultivarem o amor por si e a encontrar o amor do outro. Aprimoro meu dom com peregrinações espirituais a templos sagrados e visitas a lugares de poder, além de realizar profundos estudos sobre antroposofia, filosofia, psicologia, yôga, tantra, bioenergética e biocibernética.

Em consequência do grande volume de pessoas que buscam meus serviços de cupido, pude acompanhar ativamente a intensa transformação dos universos feminino, masculino e do casal nas duas últimas décadas. Em 2005, escrevi o livro *Manual da Cara-Metade,* organizado para ajudar as pessoas a identificarem erros e acertos na jornada pela busca de seu grande amor. Em 2006, fundei a Universidade do Amor, a ULOVE, que promove atividades, palestras, cursos e workshops voltados ao autoconhecimento relacional e à melhora na compreensão e comunicação (verbal e não verbal) entre homens e mulheres. Também em 2006, iniciei um projeto chamado Babá de Casais, que consiste em acompanhar casais, durante um período, para auxiliá-los no resgate da harmonia e do prazer da vida conjugal.

Periodicamente, realizo pesquisas de abrangência nacional em meu sistema de cadastrados na *A2 Encontros*, que hoje possui cerca de 15 mil pessoas, com o objetivo de traçar um perfil atualizado sobre o comportamento afetivo do brasileiro. Desde 2001, tenho percebido uma grande inquietação na estrutura dos relacionamentos. As mulheres mudaram, os homens estão se adaptando e, evidentemente, a configuração e a compreensão dos relacionamentos também precisam de atualização. Homens e mulheres precisam compreender as mudanças que ocorreram em si e no outro, e esse é meu objetivo com este livro. Quero compartilhar com você essa nova descoberta e, com isso, poder iniciar uma nova jornada rumo ao amor no novo milênio. Convido você para essa viagem!

Introdução

Homens são simples. Mulheres são complexas. Homens querem interagir com mulheres como se elas fossem simples como homens. E mulheres querem interagir com homens como se eles fossem complexos como mulheres. E, isso, obviamente, leva a dificuldades no relacionamento, a desentendimentos e ao distanciamento.

Já não bastasse isso ser assim, o mundo mudou muito nas últimas décadas. Nos últimos anos, com o advento da revolução feminina, os papéis, conceitos e valores mudaram bastante. A mulher conquistou novas posições e funções na sociedade, invadindo espaços que antes eram ocupados exclusivamente pelo homem. Em contrapartida, o homem apresenta ainda muitas dificuldades de adaptação para lidar com essa "nova" mulher. Parece que as coisas ainda estão confusas. Ele se sente muitas vezes em dúvida sobre como interagir com o universo feminino atual. Ser homem no mundo de hoje tem um sentido muito diferente de antigamente. Hoje homens fazem coisas antes jamais pensadas, que poderiam pôr em dúvida sua virilidade e masculinidade em outros tempos. Com mulheres tão ativas, diretas e até atiradas, como fica a conquista? O que sobra para os homens neste mundo de mulheres autossuficientes? Será que os homens serão, no futuro, apenas doadores de sêmen? Como ser homem hoje, ser sensível, sem perder as características masculinas? Como ser feliz e realizado também no amor? Como encontrar e manter uma companheira que compartilhe uma vida feliz? Como ser inteiro?

Com o reconhecimento nacional de ser considerada a maior cupido profissional do Brasil, me sinto à vontade em partilhar, nes-

Sumário

Introdução 9

Capítulo 1 – O homem de antigamente (o marido da Amélia) 11

Capítulo 2 – O homem de hoje 15

Capítulo 3 – Cultivando a essência masculina 31

    Força 32

    Poder 36

    Inteligência 41

Capítulo 4 – O novo homem 43

Capítulo 5 – A união do masculino com o feminino 57

A vida é encontro.
Martin Buber

O amor consciente atrai o mesmo em resposta.
O amor emocional atrai o oposto.
O amor físico depende do tipo e da polaridade.
G. I. Gurdjieff